KLEINE
GESUNDHEITS-BIBLIOTHEK

# POWER DIÄT

Sonderausgabe

Die in diesem Ratgeber vorgeschlagenen Rezepte wurden sorgfältig überprüft. Eine Garantie bzw. Haftung kann jedoch nicht übernommen werden.

2000 Trautwein Ratgeber-Edition
Genehmigte Sonderausgabe

Redaktion: Anne Kaspar, Susanne Werth, Martin Walter
Redaktionsassistenz: Andreas Rindler
Text: Nicole Kolisch
Umschlaggestaltung: Inga Koch
Produktionsleitung: Uwe Eckhard
Produktionsassistenz: Gunther Jaich
ISBN 3-8174-5292-6
5252921

Mehr Infos im Internet unter
www.compactverlag.de

INHALT

Ein ernährungsbewusster, liebevoller Umgang mit dem eigenen Körper wirft oft Fragen auf, zum Beispiel: Was ist der Unterschied zwischen Mineralstoffen und Spurenelementen? In welchen Lebensmitteln sind sie enthalten? Wie viele Vitamine braucht der Körper tatsächlich?

Solche Fragen (und etliche mehr) behandelt das vorliegende Buch „Powerdiät – dynamisch und aktiv mit Gemüse“.

Es erklärt leicht verständlich, was hinter dem Begriff „Gesunde Vollwerternährung“ steckt und wie Sie Ihr Leben mit einer Hand voll einfacher Richtlinien gesünder, vitaler und ausgewogener gestalten können. Als praktische Anregung dient hierzu der umfangreiche Rezeptteil im zweiten Abschnitt des Buches.

# Einführung

Ernährung ist nicht nur eine Frage des Sattwerdens. Sie sollte unseren Körper auch mit allen wichtigen Wirkstoffen für einen reibungslosen Ablauf unseres Stoffwechsels versorgen. Nur so kann der Organismus sein Kraft- und Energiepotential voll ausschöpfen, unsere physische und teilweise auch psychische Gesundheit gewährleisten und mit verstärktem Rüstzeug potentielle Krankheitserreger in die Flucht schlagen.

Betrachtet man Gesundheit nicht einfach als ein Fehlen von (offensichtlichen) Krankheiten, sondern vielmehr als einen ganzheitlichen Zustand körperlichen und geistigen Wohlbefindens, so sind die meisten Menschen heute nicht als gesund einzustufen. Das belegen auch verschiedene Studien, die aufzeigen, dass in Mitteleuropa einerseits jeder zweite Mensch übergewichtig, gleichzeitig eine große Mehrheit allerdings falsch ernährt ist.

Die Nahrung des Menschen lässt sich grob in zwei Gruppen einteilen: Da gibt es zunächst einmal die drei (Macro)-Nährstoffe – Eiweiß, Fett und Kohlenhydrate. Sie sind notwendig für den Aufbau und die Erhaltung der Körpersubstanz und liefern die Energie für alle Körperfunktionen. Wir können sie dennoch in unseren weiteren Betrachtungen getrost vernachlässigen, da die meisten Menschen sowieso genügend, wenn nicht sogar zu viel davon zu sich nehmen.

Bei der zweiten Gruppe handelt es sich um Wirkstoffe, die den Ablauf der Körperfunktionen regeln. Zu ihnen zählen Vitamine, Mineralstoffe (einschließlich Spurenelementen), Fett- und Aminosäuren sowie Geruchs- und Geschmackstoffe. Man kann diese Gruppe auch als „Vitalstoffe" bezeichnen, da es sich in der Tat um Substanzen handelt, die unsere Vitalität bestimmen.

Die orthomolekulare Medizin hat diesen Zusammenhang längst erkannt und behandelt neben unseren Alltags-Wehwehchen auch schwerwiegende Krankheiten wie z. B. Krebs in erster Linie durch Zufuhr der entsprechenden Vitalstoffe. Tatsächlich führt man 80 Prozent aller Risikofaktoren, Störungen und Leiden, die Millionen Menschen in westlichen Ländern plagen, sowie 80 Prozent aller Todesursachen auf ernährungsbedingte Krankheiten zurück. In schweren Fällen reicht eine bewusste Umstellung der Essgewohnheiten natürlich nicht aus, um Krankheiten zu heilen.

Doch kann jeder seine Ernährung im Sinne einer aktiven Gesundheitsvorsorge gestalten und damit Mangelerkrankungen von Anfang an verhindern. Vitalstoffmängel sind – von Zahnfleischbluten über Menstruationsbeschwerden bis zu Schlaflosigkeit – tagtäglich zu beobachten. Sie sind keine Bagatellen, sondern können, wenn sie über einen längeren Zeitraum anhalten, den menschlichen Organismus nachhaltig schädigen.

Auch ohne genaue Kenntnisse biochemischer und physiologischer Abläufe im Körper ist es dem Laien, dank allgemein zugänglichem wissenschaftlichem Basiswissen, heute mehr denn je möglich, seine Ernährung an gewissen Prinzipien zu orientieren und damit einen essenziellen Beitrag zur Erhaltung seiner Gesundheit zu leisten. Selbst wenn Sie sich den einen oder anderen Hamburger samt Schokoriegel leisten und sich nicht sklavisch an die Vorgaben der Vollwertkost halten wollen, kommt Ihnen dieses Basiswissen zugute: Gleichen Sie „Ausrutscher“ aus. Wählen Sie basenüberschüssige Speisen und helfen Sie somit Ihrem Körper, die durch Ihr Hotdog entstandene Säure abzupuffern.

In diesem Zusammenhang ist es allerdings auch wichtig zu verstehen, dass unsere Ernährung nicht der alleinige Grund für entstandene Vitalstoffmängel sein muss. Unterschiedliche Menschen haben unterschiedliche Lebensgewohnheiten und reagieren darauf ebenso unterschiedlich in ihrem Körper. So haben zum Beispiel Raucher oft ein Defizit an Vitamin C, weil sie mehr davon verbrauchen. Schwangere haben einen erhöhten Vitalstoffbedarf, Ausdauersportler verlieren Elektrolyte durch den Schweiß und müssen daher ebenfalls für eine erhöhte Zufuhr sorgen. Auch die Anti-Baby-Pille kann zu Defiziten führen.

Ein weiteres Problem liegt darin, dass unsere Nahrungsmittel oft gar nicht mehr alle für uns lebenswichtigen Vitalstoffe enthalten. Der Grund dafür liegt in den durch Kunstdünger bereits ausgelaugten Böden, die, weil ihrerseits bereits mineralstoffarm, kaum Mineralstoffe an die Pflanzen abgeben. Ähnliches gilt auch für tierische Produkte: Auch sie können nur enthalten, was die Tiere durch Pflanzennahrung aufnehmen konnten.

Der einzige Ausweg für den Konsumenten ist der Gang zum Reformhaus oder Bioladen. Ein möglichst umfangreicher Gehalt an Mineralien und

Spurenelementen ist heute leider nur bei Produkten aus kontrolliertem biologischem Anbau zu erwarten. Und was die Lagerung betrifft: Ohne Zweifel schädigt langes (und nicht fachgerechtes) Lagern den Wert der meisten Lebensmittel. Kaufen Sie daher lieber nicht auf Vorrat, sondern nur so viel, wie Sie bei einem Kochvorgang zu verarbeiten gedenken. Wenn Sie schon lagern müssen, so eignet sich der Kühlschrank hierfür am besten. Dunkelheit und Kälte schmälern die Verluste an Vitalstoffen etwas. Sicher ist der Griff zur Konservendose nicht nachgerade schädlich (auch wenn einige Zusatzstoffe Allergien auslösen können), es sollte sich jedoch niemand einbilden, dass er mit einer Ladung Dosenkompott tatsächlich irgendwelche Vitamine zu sich nimmt.

Einzig und allein das Verfahren der Tiefkühlung kann bedenkenlos bejaht werden. Oft ist es sogar eine günstige Alternative, sollte keine wirkliche Frischkost vorhanden sein. Da Tiefkühlgemüse im Allgemeinen direkt nach der Ernte eingefroren wird, ist hier mit weniger Vitalstoffverlusten zu rechnen als bei „frischer" Kost, die seit zwei Tagen im Laden auf Käufer wartet.

An dieser Stelle sei auch noch von so genannter „Zusatzernährung" die Rede.
Wir alle erleben Phasen beruflicher oder privater Mehrbeanspruchung, in denen es uns nicht immer möglich ist, optimal einzukaufen und zu kochen. Auch hat nicht jeder das Glück, einen verlässlichen Bioladen in seiner Nähe zu wissen. So scheint im Alltagsstress oft der Griff zur Konservendose oder zum Fastfood unterwegs als der einzige Ausweg.

Dieses Verhalten ist verständlich, nicht vorschnell zu verurteilen und nur dann schädlich, wenn wir unsere Versorgung an Vitalstoffen völlig außer Acht lassen. Unser Körper benötigt täglich gewisse Substanzen und lässt sich nicht mit faulen Kompromissen abspeisen. Unter der Woche Fastfood und am Wochenende Vollwertkost ist keine akzeptable Lösung. Wer sich aufgrund zwingender Umstände dennoch dafür entscheidet, muss mit Hilfe von Vitalstoffpräparaten gegen eine Unterversorgung ankämpfen. Sei es nun in Form von Multivitaminkapseln oder Mineralstoff-Brausetabletten – für unsere Gesundheit und unser Wohlbefinden gibt es keine andere Alternative als eine ausgewogene Vitalstoffzufuhr. Sollten Sie also keine Möglichkeit sehen, Ihre Ernährung den Bedürfnissen Ihres Körpers anzupassen, helfen Sie zumindest „künstlich“ etwas nach.

Ebenso wichtig wie das „Was“ ist allerdings auch das „Wie“ unserer Nahrungsaufnahme.
Dabei gilt es einige einfache Grundregeln, gleichsam sieben „Säulen“ einer aktiven Gesundheitsvorsorge, zu beachten:

## Essen Sie, wenn Sie Hunger haben!

Das klingt logisch, ist es aber für viele Menschen nicht mehr. Die meisten von uns haben sich gewisse Essenszeiten angewöhnt, die mehr mit ihrem beruflichen oder privaten Tagesrhythmus zu tun haben als mit ihrem tatsächlichen Hungergefühl. Versuchen Sie, auf die Körpersignale zu achten.

Oft erweist sich ein „kleiner Hunger“ als etwas ganz anderes (Nervosität, Langeweile, Durst, Anspannung, Konditionierung etc.) und verschwindet nach einer Weile automatisch. Versuchen Sie, Ihrem trügerischen Hungergefühl auf die Schliche zu kommen, indem Sie sich selber Fragen stellen: Was möchte ich wirklich? Will ich wirklich etwas essen, oder will ich vielmehr etwas ganz anderes? (Eine Umarmung, ein Mittagsschläfchen, eine Freundin anrufen?)

Wir alle haben von Kindheit an gelernt, Essen als Lösung für unsere Probleme zu betrachten. Denken Sie darüber nach: Wenn ein Baby schreit, hat es dafür oft viele verschiedene Gründe. Es fühlt sich einsam, es möchte getragen oder gestreichelt werden, es hat nasse Windeln, es ist müde. Manchmal hat es auch Hunger. Eltern können diese Nuancen unmöglich verstehen – schließlich klingt das Schreien des Babys in all diesen Fällen gleich. Meistens bekommt der Sprössling schließlich das Fläschchen, und damit erfolgt auch automatisch eine Art von Konditionierung: Wir lernen Nahrungsaufnahme als ultimative Antwort auf all unsere Sehnsüchte zu sehen. Diese Assoziation haben wir Erwachsenen bereits automatisiert. Deshalb braucht es ein intensives Hinterfragen der Situation, um „echten“ Hunger von „eingebildetem“ zu unterscheiden. Sollte es sich tatsächlich um Hunger handeln, dann kasteien Sie sich nicht unnötig. Versuchen Sie nicht mit Gewalt zu fasten, um irgendwelchen Schlankheitsidealen nachzueifern. Sie werden dadurch nicht schlank (zumindest nicht langfristig). Vertrauen Sie darauf, dass Ihr Körper weiß, was er braucht: Essen Sie – aber richtig!

## Kauen Sie Ihr Essen sorgfältig!

Es ist eine alte Weisheit: „Gut gekaut ist halb verdaut!"

Bedenken Sie, dass die Verdauungsorgane das „Wurzelsystem der Pflanze Mensch" sind. Eine gute Verdauung ist oft der Schlüssel zur Gesundheit des ganzen Körpers, denn nur sie garantiert, dass Schadstoffe ausgeschieden und Vitalstoffe richtig verarbeitet werden.

Unterstützen Sie Ihre Verdauungsorgane durch das richtige Einspeicheln jedes Bissens. Nehmen Sie kleine Bissen, und bemühen Sie sich, diese mindestens dreißigmal zu kauen. Das wird Ihnen zunächst wahrscheinlich befremdlich und gewöhnungsbedürftig vorkommen, aber es ist der einzig mögliche Wegbereiter einer guten Verdauung, da unser Speichel Enzyme enthält, die später in Magen und Darm gebraucht werden.

Durch gründliches Einspeicheln wird unsere Nahrung leichter verwertbar und besser verdaulich. Außerdem werden Sie bemerken, dass sich das Gefühl der Sättigung früher einstellt. Sie können mit dieser Methode ihre Nahrungszufuhr spielend reduzieren.

Betrachten Sie sorgfältiges Kauen auch als Qualitätstest Ihrer Nahrung: Viele künstlich hergestellten oder bearbeiteten Lebensmittel verlieren dadurch ihren Geschmack. Qualitativ hoch- und vollwertige Nahrung schmeckt auch nach fünfzigmal Kauen noch interessant und neu.

## Nehmen Sie sich Zeit für Ihr Essen!

Sorgfältiges Kauen und gutes Einspeicheln erfordern automatisch eine gewisse Zeit. Sich schnell zwischendurch einen Imbiss in den Mund zu schieben wird dadurch unmöglich. Sie sollten sich mindesten eine halbe Stunde Zeit für jede Mahlzeit nehmen. Setzen Sie sich auf jeden Fall an den Tisch, verschieben Sie Zeitunglesen und Fernsehen auf später, und konzentrieren Sie sich ausschließlich auf Ihre Mahlzeit. Ihr Essen wird Ihnen nicht nur besser schmecken, Sie werden auch länger satt sein und nicht so bald wieder ein Hungergefühl verspüren.

## Essen Sie nur so viel, wie Sie wirklich benötigen!

Nach jedem Essen sollte man sich gestärkt und wohl fühlen. Wer nach dem Essen müde wird bzw. Völle, Magendruck und Ähnliches verspürt, hat eindeutig zu viel gegessen. Kultivieren Sie das Gefühl, einen halb vollen Magen zu haben. Oft stellt sich das Gefühl der Sättigung erst etwa eine halbe Stunde nach Beendigung der Mahlzeit ein. Essen Sie, solange Sie akuten Hunger verspüren, und bemühen Sie sich, rechtzeitig aufzuhören, anstatt sich zu „überessen“. Warten Sie ab, bis sich das Gefühl der Sättigung einstellt. In den meisten Fällen wird Ihr Hungergefühl dann verschwunden sein.

## Essen Sie nicht zu spät am Abend!

Versuchen Sie, Ihr Nachtmahl eher klein und leicht verdaulich zu gestalten und es zu einem möglichst frühen Zeitpunkt einzunehmen. Verzichten Sie auf Kartoffelchips, während Sie sich im Fernsehen die Spätnachrichten ansehen. Sollten Sie nach dem Nachtmahl noch Hunger entwickeln, versuchen Sie es mit Kräutertee. Oder gehen Sie schlafen.

## Trinken Sie reichlich!

Ausreichend Flüssigkeit ist für nahezu alle Stoffwechselvorgänge essenziell. Nur so können Schlacken (Abbauprodukte des Stoffwechsels) ausgeschwemmt werden. Versuchen Sie, täglich mindestens 2 1/2 Liter kalorienarme Flüssigkeit (Wasser, Mineralwasser etc.) zu sich zu nehmen. Am besten wäre, den größten Teil davon (aber mindestens 1 Liter) im Laufe des Vormittags zu trinken. Alkohol ist kein Getränk, sondern ein Genussmittel. Gegen geringe Mengen ist nichts einzuwenden, im Großen und Ganzen sollten Sie Alkohol aber vermeiden. Achten Sie darauf, dass der Zuckergehalt Ihrer Getränke nicht über dem Zuckergehalt des Blutes liegt. Fruchtsäfte sollten Sie daher mit (Mineral-)Wasser verdünnen. Dasselbe gilt für Gemüsesäfte.

Milch ist aufgrund ihres hohen Nährstoffgehaltes eigentlich mehr eine Mahlzeit als ein Getränk. Ein kalorienarmes, vitalstoffhaltiges und durstlöschen-

des Getränk erhalten Sie, wenn Sie Buttermilch mit Mineralwasser verdünnen.
Sehr empfehlenswert sind jegliche Art von Kräuter- und teilweise auch Früchtetees. Letztere sollten nicht zu sauer sein (siehe Kapitel 1, ab Seite 19). Sie sollten auch möglichst oft die Teesorten wechseln, da der Körper sich sonst zu schnell auf ihre heilenden Wirkungen einstellt und nicht mehr darauf reagiert.

## Sorgen Sie für ausreichende Bewegung an frischer Luft!

Mit richtigem Essen allein ist es noch nicht getan. Wer Gesundheit, Wohlbefinden und Vitalität anstrebt, kommt um sportliche Betätigung (oder zumindest intensives Spazierengehen) an frischer Luft nicht herum. Das gilt in doppeltem Maße für alle, die gerne ein paar überflüssige Pfunde loswerden möchten.
Belastende Fettzellen lassen sich durch Ernährung zwar beeinflussen, aber nie „aushungern“. Reduziert können sie nur durch „Verbrennen“ – anders ausgedrückt: durch Ausdauersportarten – werden. Mehr als 30 oder noch besser 45 Minuten ununterbrochener Bewegung sind unbedingt nötig, um die Fettverbrennung im Körper zu aktivieren. Am geeignetsten sind hierfür Sportarten wie Radfahren, Joggen, Tennis, Treppensteigen oder auch intensives In-Line-Skating.
Ferner fördert Bewegung an frischer Luft die Ausscheidung von Kohlensäure (siehe Kapitel 1) und

bringt den nötigen Kick für Geist und Seele. Wenn nicht anders möglich, versuchen Sie, zumindest 10 Minuten Ihrer Mittagspause draußen zu verbringen. Sie werden die Wirkung den ganzen Tag spüren. Einige Details über die Zusammensetzung unserer täglichen Nahrung können Sie in den folgenden Kapiteln nachlesen. Bitte beachten Sie, dass es sich bei den Mengenangaben (z. B. bei benötigten Mineralstoffen) um Mindestmengen handelt. Das heißt jedoch noch lange nicht, dass Sie damit bereits das Bestmögliche für Ihre Gesundheit, Ihre Vitalität und Ihr Wohlbefinden tun. Gerade wenn Sie längere Zeit an einer Unterversorgung an Vitalstoffen gelitten haben, benötigt Ihr Organismus wahrscheinlich deutlich mehr als dieses Existenzminimum. Im zweiten Teil des Buches finden Sie eine Sammlung von Rezepten, die nach den Grundsätzen einer ausgewogenen Vollwerternährung zusammengestellt sind. Es handelt sich dabei nicht um „Diät"-Rezepte im herkömmlichen Sinn, deshalb sind sie weder mit Kalorienangaben versehen noch nach einem bestimmten Wochenplan geordnet. Teilweise handelt es sich um besonders vitalstoffreiche, dann wieder mehr um ballaststoffreiche Gerichte. Oder auch um Speisen, die Ihren Säuren-Basen-Haushalt regulieren. Sie sollen lediglich als Gedankenanstöße dienen. Es ist mir deshalb auch ein besonderes Anliegen, dass sich jeder Leser eine ganz persönliche Ernährung zusammenstellt, die der jeweiligen Lebenssituation und den unterschiedlichen Bedürfnissen des eigenen Körpers entspricht. Ich wünsche Ihnen viel Spaß beim Lesen und guten Appetit!

Nicole Kolisch

# Ernährung im Sinne des Säuren-Basen-Gleichgewichts

## SÄUREN-BASEN-GLEICHGEWICHT

Der menschliche Organismus kann die aufgenommene Nahrung nur richtig verwerten und die Abbaustoffe nur vollständig ausscheiden, wenn der körpereigene Säuren-Basen-Haushalt im Gleichgewicht ist.

Dabei kommt dem Magen eine wichtige Funktion zu: Er produziert einerseits Salzsäure und sondert andererseits die Basen an das Blut ab, wo sie laufend zur Neutralisation der im Stoffwechsel ständig anfallenden Säuren verwendet werden. Das Blut muss hierbei unter allen Umständen leicht basisch bleiben (etwa pH 7,4).

Seine Überschüsse an Basen liefert das Blut an die „basenliebenden" Verdauungsorgane ab – an die Leber, die Bauchspeicheldrüse und die Dünndarmdrüsen, die daraus basische Sekrete (z. B. Gallensaft) erzeugen.

Unser Körper benötigt diese Sekrete einerseits zur Verdauung, andererseits zur Neutralisation und Ausscheidung der unterschiedlichen Stoffwechselsäuren.

Weitere wichtige entsäuernde Regulationsmechanismen sind folgende:

- Die Lunge entsäuert durch Ausatmung von Kohlensäure.
- Die Nieren entsäuern durch Ausscheidung von saurem Harn (Harnsäure).
- Die Haut entsäuert durch das Ausschwitzen von saurem Schweiß.
- Der Darm entsäuert durch das Ausscheiden von saurem Stuhl.

- Das Blut puffert durch seine Basenreserve Säure ab.
- Notventile wie Talgdrüsen, Schleimhäute, Tränendrüsen etc., die durch ihre Sekrete und Exkrete notfalls auch Säuren ausscheiden können.

Umweltbelastungen, Ärger, Stress und verschiedene anhaltende Fehler in der Ernährungs- und Lebensweise (z. B. zu wenig Bewegung an frischer Luft oder ein Zuviel an säureüberschüssigen Lebensmitteln) führen jedoch dazu, dass trotz all dieser Mechanismen immer wieder zu viele Säuren ins Blut gelangen. Dieses, um seinen pH-Wert „besorgt", reagiert darauf, indem es:

- zu wenig (oder gar keine) Basen an die „basenliebenden Organe" abgibt, wodurch die Leistungen von Leber, Dünndarm usw. vermindert werden;
- überschüssige Säuren in die Grundsubstanz oder in andere Gewebe (Muskeln, Sehnen, Nerven) abschiebt. So werden in diesen Regionen „Depots" geschaffen, was zu einer Übersäuerung des Gewebes und infolgedessen zu Gelenksrheuma, Stoffwechselleiden, Gicht, Steinablagerungen (Galle, Niere) und vielen anderen Krankheiten führen kann;
- basische Substanzen (Mineralstoffe wie Kalzium, Natrium, Magnesium, Kalium) aus dem Gewebe abzieht, sodass es schließlich zur Entmineralisation kommt. Die Folge sind Gebissschäden, Knochenbrüchigkeit und Osteoporose.
  Aufbausubstanzen werden aber auch aus den Gefäßwänden entzogen. Dadurch verlieren Arterien und Venen ihre Elastizität, dehnen sich aus oder werden brüchig. Dies wiederum belastet die Blutzirkulation usw.

Allgemein lässt sich festhalten, dass ein andauerndes Zuviel an Säuren sich auf den Organismus ähnlich auswirkt wie ständiger saurer Regen auf Pflanzen. Neben den bereits besprochenen Gesundheitsschäden sind auch verminderte Abwehrkräfte, vorzeitige Alterungsprozesse, erhöhte Entzündungsgefahr und seelisches „Sauerwerden" (Nervosität, Reizbarkeit, Depressionen) eine Folge der Übersäuerung.

Abhilfen dagegen sind:

- mehr Bewegung an frischer Luft (Kohlensäure Ausatmung!),
- Entsäuerung über die Haut (Sauna, schwimmen etc.),
- reichliches Trinken basischer Flüssigkeiten (Kräutertee, kohlensäureloses Mineralwasser),
- eine möglichst positive Lebenseinstellung („saure" Gedanken machen den Stoffwechsel sauer) und als entscheidender Faktor:

Umstellung der Ernährungsweise mit Bevorzugung der basenbildenden und Einschränkung der säurebildenden Kost!
Dazu ist es wichtig, zwischen sauer und basisch wirkenden Nahrungsmitteln zu unterscheiden. Nachfolgend ein kleiner Überblick:

## Säuren-Basen-Tabelle der Nahrungsmittel (nach Dr. Rauch)

**1. Im Körper kommt es zu einer Säurewirkung durch**

a) Säurelieferanten (sie führen Säure zu oder lassen sie im Stoffwechsel entstehen, siehe hierzu ab Seite 20)
   - Fleisch, Geflügel, Wild, Würste, Speck, Innereien, Rindsuppe,
   - Fisch (am wenigsten Lachs), Weichtiere (Muscheln, Schnecken), Krustentiere (Krabben, Hummer),
   - Käse, Quark,
   - Ei, Eierspeisen,
   - Hülsenfrüchte, insbesondere Linsen, Erbsen (Ausnahme: Sojabohnen sind basisch),
   - ferner: Erdnüsse, Spargel, Rosenkohl, Artischocken, Senf, Essig, Bohnenkaffee, Alkohol (besonders Likör, am wenigsten Bier), kohlensäurereiche Getränke.

b) Säureförderer durch Basenentzug („Basenräuber")
   - besonders Fabrikzucker, Süßigkeiten, Schokolade, Speiseeis usw.,
   - Getreide, Weißmehl und Weißmehlprodukte, Gebäck, Teigwaren, Nudeln, Kuchen usw., auch Vollwertgetreide, Vollreis, Buchweizen, Roggen, Gerste. Am wenigsten säuernd: Hirse (= neutral), Dinkel, Mais, Haferflocken,
   - Fette und Öle (nur falls gehärtete, raffinierte), Konsummargarine, billige Salatöle,
   - Industriekost: alle durch industrielle Bearbeitung, Haltbarmachung, Sterilisierung veränderten oder mit chemischen Zusätzen versehenen Nahrungsmittel, Konservenpräparate etc.,
   - saures Obst (Zitrusfrüchte, Früchtetee, saure Beeren).

2. Basenwirkung durch Basenspender
   (Sie führen Basen zu oder lassen im Stoffwechsel Basen entstehen bzw. puffern Säuren ab)
   - Kartoffeln (besonders Pellkartoffeln, nicht Pommes frites),
   - Milch, Sahne,
   - Blattgemüse (wie Salat, Mangold, Spinat, Endivien, Zichorie, Sellerie),
   - Wurzelgemüse (Möhren, Radieschen, schwarzer Rettich, Rüben, Petersilienwurzel – alles, was in der Erde wächst, ist besonders basisch),
   - Gemüse und Gemüsefrüchte (Gurke, Kürbis, Melone, Blumenkohl, Kohlrabi, Kohl, Kichererbsen, Paprika, Zwiebel, Knoblauch, Kastanien, Sojabohnen, Gemüsesuppen, Oliven),
   - Obst (nur in kleinen Mengen und wenn voll ausgereift bzw. nicht sauer schmeckend): Banane, Apfel, Birne, Pfirsich, Beerenobst, auch Dörrobst (z. B. Rosinen),
   - Gewürz- und Wildkräuter: Dill, Sellerie, Kresse, Schnittlauch, Majoran, Thymian, Rosmarin, Salbei, Oregano, Löwenzahn, Brennnessel u.a.,
   - Sonstiges: Molasse, Pilze, Kokosnüsse, Haselnüsse, Mandeln, Eigelb, Lecithin, Kürbiskerne,
   - Mineralwasser (Kohlensäure aussprudeln), nicht sauer schmeckende Heilpflanzentees, schwarzer Tee.

3. Nahrungsmittel im Säuren-Basen-Gleichgewicht
   - Wasser, naturbelassene, kaltgeschlagene Fette und Öle, gute Butter, Hirse, Sauerkraut.

Zweifellos benötigt unser Körper sowohl Säuren als auch Basen. Während aber jeder Überschuss an Basen mühelos vom Körper ausgeschieden wird,

muss jede Säure zunächst mit Hilfe von Basen neutralisiert werden, bevor sie eliminiert werden kann. Unsere Dauerkost sollte daher ein Säure-Basen-Verhältnis mit einem Überschuss an Basen aufweisen.
Wichtig ist die richtige Kombination – essen Sie also zu Fleisch bzw. Fisch immer auch Kartoffeln, Gemüse, Salat usw., aber nicht Teigwaren wie Nudeln oder Spätzle.
Ferner sollten Sie die Portionen eher klein halten, da jeder Biss zuviel einen Mehrverbrauch an basischen Verdauungssekreten bedeutet.
Daher auch: Vorsicht vor der Umkehrwirkung der Basenspender!
Nachstehend nun noch zwei Beispiele für eine ausgewogene Ernährung im Sinne des Säuren-Basen-Gleichgewichtes (nach F. Nussgruber):

| | | |
|---|---|---|
| *Frühstück:* | Knäckebrot | (schwach sauer) |
| | Butter | (neutral) |
| | Quark-Aufstrich | (basisch) |
| | Tomaten | (basisch) |
| | Radieschen | (basisch) |
| | Müsli (Getreide) | (sauer) |
| | Apfel, Banane | (basisch) |
| | Tee mit Milch | (basisch) |
| *Haupt-* | Gemüsesuppe | (basisch) |
| *mahlzeit:* | Rindfleisch | (stark sauer) |
| | Pellkartoffeln | (stark basisch) |
| | Salat mit kalt- | (basisch) |
| | gepresstem Öl | (neutral) |
| | und Kräutern | (basisch) |
| | Dessert aus Ess- | (basisch) |
| | kastanien mit Sahne | (basisch) |
| | Orangensaft | (sauer) |

Täglich ist mindestens 25ml Basenüberschuss notwendig, um Harnsäure-Ablagerungen zu vermeiden.

Um Entschlackung bzw. Entgiftung zu bewirken, benötigt der Körper ein Minimum von 40 ml Basenüberschuss am Tag.

Entsäuerung und eine ausgewogene Ernährung im Säuren-Basen-Gleichgewicht haben letztlich nicht nur etwas mit mühevollem Ausbalancieren der Zutaten, sondern vor allem mit körperlichem Wohlbefinden und gesteigerter Lebensqualität zu tun.

## Eiweiß (Protein)

Eiweiß ist ein essenzieller Baustoff unseres Körpers und hat einen wesentlichen Einfluss auf unsere Gesundheit und Leistungsfähigkeit. Zum Aufgabenbereich des Eiweißes gehören Wachstum, Muskelansatz, Wiederaufbau von Hormonen und Enzymen, die Regeneration nach einer Krankheit und die Steigerung körperlicher Belastbarkeit (z. B. bei Sportlern).

Ein durchschnittlicher Erwachsener hat einen täglichen Eiweißbedarf von 1 bis 1,2 g pro kg Körpergewicht. Zeitweise kann dieser Eiweißbedarf ansteigen, so z. B. während der Schwangerschaft/ Stillzeit oder der Rekonvaleszenz nach Operationen. Bei zu geringer Eiweißzufuhr wird der Körper gezwungen, auf körpereigene Eiweißressourcen zurückzugreifen. Die Folgen sind physische und psychische Erschöpfungszustände.

Grundbaustein der Eiweißstoffe sind Aminosäuren. Von den etwa 20 bekannten Aminosäuren kann der menschliche Körper 8 nicht selber aufbauen. Sie müssen daher mit der Nahrung zugeführt werden. Anhand der jeweils enthaltenen Aminosäuren unterscheidet man unterschiedliche biologische Wertigkeiten. Als „hochwertige" Eiweißträger gelten Milch, Käse, Ei, Fisch, Fleisch, Blut, Getreidekeime, Schalenobst, Kartoffeln, Sojabohnen und grünes Blattgemüse. Eiweißträger mit geringerer Wertigkeit sind z. B. Bohnen, Erbsen, Linsen, Pilze, feines Mehl und Wurzelgemüse.

Als „vollwertig" gilt ein Protein dann, wenn die erwähnten 8 (so genannten „essenziellen") Aminosäuren in der für den Menschen notwendigen Menge enthalten sind. Fehlt eine oder mehrere der essenziellen Aminosäuren, ist das Protein „nichtvollwertig" und sollte durch ein anderes ergänzt werden. Zu beachten ist, dass unser Körper diese Ergänzung nur auswerten kann, wenn ihm beide Eiweißstoffe bei derselben Mahlzeit angeboten werden.

In den meisten Fällen ist wirklich vollwertiges Eiweiß nur in Kombination verschiedener Eiweißträger möglich. Die Eiweißstoffe ergänzen sich dann dadurch, dass der eine gerade die Aminosäure beisteuert, die dem anderen fehlt.

Einige Beispiele für gute Ergänzungen:

- 100 g magerer Quark (enthält 17 g Eiweiß)
  + 100 g Vollkorn
  (= 11 g Eiweiß) + 300 g Salat
  (= 6 g Eiweiß) = 34 g Eiweiß

- 100 g Brathuhn
  (= 21 g Eiweiß) + 100 g Vollreis
  (= 7 g Eiweiß) + 300 g Salat
  (= 6 g Eiweiß) = 34 g Eiweiß
- 100 g Rindfleisch
  (= 21 g Eiweiß) + 200 g Kartoffeln
  (= 4 g Eiweiß) + 300 g Salat
  (= 6 g Eiweiß) = 31 g Eiweiß
- 100 g Emmentaler
  (= 27 g Eiweiß) + 100 g Vollkornbrot
  (= 7 g Eiweiß) + 300 g Salat
  (= 6 g Eiweiß) = 40 g Eiweiß

Folgendes sollten Sie ferner beachten: Eine Denaturierung der meisten Eiweiße vermindert ihre Nährstoffwerte. Es handelt sich also nicht nur um eine quantitative, sondern auch um eine qualitative Frage.

Außerdem muss auch vor einem Zuviel an Eiweiß gewarnt werden, da das einerseits zu erhöhter Säurebildung im Körper führt (siehe Kapitel 1, ab Seite 19) und sich andererseits negativ auf den Cholesterinspiegel auswirkt. Menschen mit erhöhtem Cholesterinspiegel sollten sich in jedem Fall bemühen, pflanzlichem Eiweiß den Vorzug gegenüber tierischem Eiweiß zu geben.

## Vitamine und Provitamine

Vitamine sind für den Ablauf aller Lebensvorgänge unentbehrliche Wirkstoffe. Es sind organische Substanzen, die unser Körper braucht, aber nicht selber herstellen kann. Deshalb müssen wir Vitamine oder ihre Vorstufen, so genannte Provitamine, täglich mit der Nahrung aufnehmen. Man unterscheidet zwei Gruppen von Vitaminen:

- Wasserlösliche Vitamine werden im gesamten Zellstoffwechsel benötigt und ermöglichen die Verwertung der Nährstoffe in allen Zellen. Sie werden vom Körper nicht gespeichert, sondern über Urin und Schweiß ausgeschieden und müssen daher täglich neu zugeführt werden.
- Fettlösliche Vitamine dienen spezifischen Vorgängen in einzelnen Organen (z. B. Schutz gegen Muskelschwund und Leberschäden). Sie können vom Körper in der Leber oder in Fettgeweben gespeichert und bei Bedarf wieder abgerufen werden. Daher ist eine tägliche Zufuhr nicht nötig, und es kann bei Überdosierung – vor allem von den Vitaminen A und D – sogar zu Schädigungen kommen.
  In diesem Zusammenhang ist eine gewisse Vorsicht bei der Einnahme von Vitaminpräparaten geboten.

Vitamine sind in kleinsten Dosen wirksam. Der tägliche Bedarf an den einzelnen Arten liegt – mit Ausnahme von Vitamin C (75 mg) – unter 10 mg. Zu geringe Vitaminzufuhr (Hypovitaminose) kann jedoch zu schweren Mangelerscheinungen führen. Vitamin-Mangelerkrankungen können aus unterschiedlichsten Gründen entstehen, z. B. wenn ein Mehrbedarf an Vitaminen (während einer Schwangerschaft/Stillzeit, Rekonvaleszenz, fieberhaften Erkrankungen, Krebs etc.) nicht erkannt und berücksichtigt wird.
Einen großen Anteil hat auch eine vitaminschädigende Zubereitung der Nahrung. So kommt es z. B. bei Vitamin E zu „Kochverlusten" (durch nicht

schonendes Garen) von 55 Prozent, bei Folsäure gar bis 90 Prozent!
Auch zu lange Lagerung kann den Vitamingehalt von Lebensmitteln drastisch schmälern.

Heute kennt die Wissenschaft 13 verschiedene Vitamine und einige Provitamine.

Wichtig ist zu beachten, dass die einzelnen Arten der Vitamine – auch wenn sich ihre Funktionen auf den ersten Blick zu überschneiden scheinen – einander nicht ersetzen können. Der menschliche Organismus benötigt daher immer alle.

Im Folgenden ein kleiner Überblick:

## Wasserlösliche Vitamine

*Thiamin (Vitamin B1)*
**Enthalten in:** Randschichten und Keimen der Getreide, Nüssen, Eigelb, Leber, Fleisch, Samen der Hülsenfrüchte, Müsli, Sojabohnen.
**Funktion:** Stoffwechsel von Zucker und Fettsäuren in den Zellen, Verarbeitung von Kohlenhydraten, unterstützt das Nervensystem (daher gegen Nervosität, Angstzustände, Depressionen, Migräne, Wetterfühligkeit und Schmerzen), Muskelstoffwechsel.
**Mangelerscheinungen:** Herzmuskelschwäche, Wachstumsstörungen, degenerative Nervenstörungen, Beriberi, Milchsäureanreicherung.
**Hinweis:** Alkohol stört die Verwertung von Thiamin. Alkoholiker haben deshalb oft Mangelerscheinungen (Reflexverluste, Gehirnschäden etc.).

*Riboflavin (Vitamin B2)*
**Enthalten in:** Vollkornerzeugnissen, Leber, Schweinefleisch, Hefe, Milch, Eiern, Cornflakes, Makrelen, Seelachs, Hülsenfrüchten.
**Funktion:** Wasserstoffübertragung in der Zellatmung, Energiefreisetzung in den Zellen, Aufrechterhaltung der Zellmembranfunktion, wichtig für die Eisenresorption im Darm, gegen Nervenstörungen.
**Mangelerscheinungen:** Schädigung von Haut und Schleimhaut (z. B. rissige Lippen) sowie von Linse und Hornhaut des Auges (z. B. Lichtempfindlichkeit).

*Nicotinamid/Niacin (Vitamin B3)*
**Enthalten in:** Fleisch (Leber), Geflügel, Fisch, Pilzen, Hefe, Erdnüssen, Vollkorngetreide, Vollreis, Spargel, Trockenfrüchten.
**Funktion:** Energie-, Fett-, Eiweiß- und Zuckerstoffwechsel in den Zellen, gegen einen zu hohen Cholesterinspiegel, Hilfe bei Lebererkrankungen, gegen Durchblutungsstörungen.
**Mangelerscheinungen:** Hautfunktionsstörungen, Durchfall, Übererregbarkeit, geistige Verwirrung, Pellagra.

*Panthothensäure (Vitamin B5)*
**Enthalten in:** Fleisch (Leber), Fisch, Vollkornprodukten, Pilzen, Hülsenfrüchten.
**Funktion:** Stoffwechsel von Fettsäuren (und anderen Säuren), Mitwirkung bei der Bildung von Hormonen, Bildung von energiereichen Verbindungen im Stoffwechsel, fördert die Epithelzellbildung der Haut und Schleimhäute, gegen Entzündungen in Mund, Rachen, Atemwegen und Darm.
**Mangelerscheinungen:** Bauchkrämpfe, Erbrechen, Müdigkeit, Fingerkribbeln.

*Pyridoxin (Vitamin B6)*
**Enthalten in:** Fleisch (Leber), Fisch, Hefe, Eigelb, Weizenkeimen, Avocados, Käse, Kartoffeln, Vollkorngetreide.
**Funktion:** Aminosäure-Stoffwechsel, Bildung von roten Blutkörperchen und Antikörpern, gegen chronische Müdigkeit und Infektanfälligkeit, Hilfe bei Rheuma und Arthritis.
**Mangelerscheinungen:** Störungen des Nervensystems, Anämie, Haut- und Muskelschäden, Erbrechen, Schläfrigkeit, Schwindel, Nierensteine.
**Hinweis:** Durch Alkoholkonsum und die Anti-Baby-Pille kommt es leichter zu einem Mangel an Pyridoxin.

*Cobalamin (Vitamin B12)*
**Enthalten in:** tierischen Geweben und Organen (Fisch, Fleisch, Vollmilch), besonders in Leber und Innereien.
**Funktion:** Aminosäure-Stoffwechsel, Zusammenwirken mit Folsäure, Bildung von roten Blutkörperchen, Sauerstofftransport, Zellerneuerung, gegen erhöhte Blutfettwerte, gegen neuropsychische Störungen (z. B. Stimmungsschwankungen, Gedächtnisverlust etc.).
**Mangelerscheinungen:** blasse Hautfarbe, Gleichgewichtsstörungen, Gefühllosigkeit in den Extremitäten, Muskelschwäche, Schädigung der Schleimhäute (z. B. Magen), schwere Anämie, Degeneration des Rückenmarks.

*Folsäure*
**Enthalten in:** Innereien, Fleisch, Fisch, Eiern, Weizenkeimen, roter Bete, Hülsenfrüchten, Rosenkohl, Spinat.

**Funktion:** Nukleinsäure- und Aminosäure-Stoffwechsel, Bildung des roten Blutfarbstoffes (Hämoglobin), günstiger Einfluss auf die Bildung von Antikörpern, gegen Funktionsstörungen der Eierstöcke und gegen Unfruchtbarkeit.
**Mangelerscheinungen:** Durchfall, gestörte Blutbildung, Störungen im Magen-Darm-Trakt, Störungen des Knochenwachstums.
**Hinweis:** Ein Folsäuremangel während der Schwangerschaft kann zu Schwangerschaftskomplikationen und in extremen Fällen auch zu Fehlgeburten führen.

*Biotin (Vitamin H)*
**Enthalten in:** Sojamehl, Hefe, Eigelb, Nüssen, Innereien (Leber, Niere), Hülsenfrüchten, Vollkornmehl.
**Funktion:** Stoffwechsel von $CO_2$, Energiefreisetzung aus Glukose, Aufbau von Fettsäuren etc., gegen zu hohe Cholesterinwerte im Blut, gegen Übererregbarkeit.
**Mangelerscheinungen:** Muskelschmerz, Anämie, Haut- und Schleimhautstörungen, Appetitverlust, Schwindel, Erbrechen, Müdigkeit.
**Hinweis:** Unter normalen Lebensbedingungen kommt es kaum zu Mangelerscheinungen, das Biotin kann aber durch Zufuhr von großen Mengen Rotwein und rohen Eiern gestört werden.

*Ascorbinsäure (Vitamin C)*
**Enthalten in:** Obst (besonders Zitrusfrüchte, Hagebutten, Waldbeeren, schwarze Johannisbeere, Kiwis), Blumenkohl, Kartoffeln, Petersilie, Tomaten, Lauch, verschiedenen Kohl- und Salatarten, Winterspinat, Sanddornsaft, Paprikaschoten.

**Funktion:** Vielseitige Wirkung beim Stoffwechsel, Antioxidans gegen freie Radikale, Schutzfaktor gegen Krebs, Aufbau der Bindegewebesubstanz, Bildung von Kollagen und Hormonen, wichtig für gesundes Knochen- und Zahnwachstum, begünstigt die Eisenaufnahme im Darm, schützt andere Vitamine vor Oxidation, Unterstützung der Körperabwehr gegen Infektion, wichtig für die Eisenverwertung des Organismus, Hilfe bei Parkinson-Syndrom, Schutz für die Leberzellen, Mithilfe beim Abbau von Giftstoffen, gegen zu hohe Blutfettwerte.
**Mangelerscheinungen:** geschwächte Knorpel und Gefäßwände, schlechte Wundheilung, Zahnfleischbluten, Schädigung der Gelenke, geschädigter Knochen- und Zahnaufbau, Appetitverlust, Hautfunktionsstörung.

## Fettlösliche Vitamine

*Retinol (Vitamin A)*
**Enthalten in:** Eigelb, Vollmilch, saurer Sahne, Butter, Leber, Lebertran, Palmöl, Mais, grünem Blattgemüse, gelbem Obst und Gemüse, Brokkoli, Käse, Hering.
**Funktion:** für Sehvorgang (Netzhautstruktur des Auges), Hautschutz, Knochenwachstum, Zahnentwicklung, Fortpflanzungsfähigkeit, Steigerung der Immunabwehr, als Schutzfaktor gegen Krebs besonders wichtig.
**Mangelerscheinungen:** Nachtblindheit, Schädigung der Hornhaut des Auges, Wachstumsstörungen, Verhornung der Haut (sie wird spröde), Missbildung des Embryos, Infektionsanfälligkeit.

**Hinweis:** Retinol wird manchmal auch „Schönheitsvitamin" für die Haut genannt.

*Colecalciferol (Vitamin D)*
**Enthalten in:** Vollmilch, Eigelb, Butter, saurer Sahne, Leber, Pilzen, Hefe, Lachs, Kalbfleisch, Lebertran, Hering.
**Funktion:** gesundes Knochenwachstum, fördert Aufnahme und Verwendung von Kalzium und Phosphor in den Knochen und Zähnen.
**Mangelerscheinungen:** Deformierung der Knochen, Osteoporose, Rachitis bei Kindern, Muskelkrämpfe.
**Hinweis:** Übermäßige Zufuhr führt zu schweren Schädigungen (Lunge, Niere, Blutgefäße, Knochen u.a.).
In pharmazeutisch abgewandelter Form wird Vitamin D auch gegen Schuppenflechte verwendet, weil es eine zu rasche Zellteilung verhindert.

*Alpha-Tocopherol (Vitamin E)*
**Enthalten in:** Getreidekeimölen und anderen Pflanzenölen, Vollkornerzeugnissen, Eiern, Hülsenfrüchten, Sojabohnen, Mandeln.
**Funktion:** Schutz gegen Muskelschwund und Leberschäden, verhindert Oxidation von ungesättigten Fettsäuren, Bildung von Muskelzellen und roten Blutzellen, Antioxidans gegen freie Radikale, vermutlich positiver Einfluss auf das Hormonsystem.
**Mangelerscheinungen:** Muskelschwund, Neigung zu Frühgeburten.

*Phytomenadion (Vitamin K)*
**Enthalten in:** Blattgemüse, Rosenkohl, Ölen, Vollmilch, Kopfsalat, Schweineleber, Blumenkohl, Brokkoli.
**Funktion:** Synthese von Blutgerinnungsfaktoren, zelluläre Energiegewinnung, Knochenstoffwechsel.
**Mangelerscheinungen:** Neigung zu Blutungen, Kalziumabbau in den Knochen.

### Vitaminähnliche Substanzen/ Provitamine – (Auswahl)

*Beta-Carotin (Provitamin A)*
Antioxidans gegen freie Radikale, Steigerung der Immunabwehr, Schutzfaktor gegen Krebs, wird teilweise im Körper in Vitamin A umgewandelt.
*Cholin*
Teil des Lecithins, Hilfe für Gehirnzellen, wichtig für den Fettstoffwechsel, gegen Arteriosklerose.
*Inosit*
Teil des Lecithins, gegen Leberkrankheiten, Schlafstörungen, Angstzustände und Störungen des Haarwuchses, für eine gesunde Haut.
*Bioflavonoide (früher: Vitamin P)*
Es schützt Vitamin C im Körper vor zu früher Oxidation, gegen Allergien und Entzündungen, wichtig für die Gesundheit der Gefäße.

## Mineralstoffe und Spurenelemente

Der Gruppe der Mineralstoffe und Spurenelemente kommen im Körper zwei wesentliche Funktionen zu: Einerseits sind sie *Baustoffe,* die sich in jeder

Zelle finden und wichtige Glieder der Eiweißmoleküle sind, andererseits dienen sie als *Wirkstoffe,* die viele chemische Stoffwechselvorgänge bewirken und regeln.

Sie sind in Blut ebenso enthalten wie in Drüsensäften, sind unerlässlich für den Knochenaufbau sowie für Muskel-, Nerven- und letztlich auch Hirnfunktion.

Da diese Stoffe in Körperflüssigkeiten gelöst vorkommen und daher elektrisch geladen sind, werden sie auch Elektrolyte genannt.

Man unterscheidet zwischen *Mineralstoffen,* die im Körper in großen Mengen vorhanden sind und auch in solchen zugeführt werden müssen, und *Spurenelementen.* Letztere finden sich in Lebensmitteln und im Körper nur in Spuren. Dennoch sind einige von ihnen lebenswichtig. Ihr Fehlen ruft Funktionsstörungen und Erkrankungen hervor.

Hier ein kleiner Überblick:

## Die wichtigsten Mineralstoffe

*Calzium*
**Enthalten in:** Milch, Quark, Käse, Eigelb, Obst, Gemüse, Kartoffeln, Mandeln, Hülsenfrüchten, Nüssen.
**Funktion:** Aufbau von Knochen und Zähnen, Blutgerinnung, Widerstand gegen Infektion und Ermüdbarkeit, wichtig für Nervenerregung und Muskelkontraktion, Schutz vor Umweltgiften, Schutzfaktor gegen Darmkrebs.

**Tagesbedarf:** 1–2 g.
**Mangelerscheinungen:** Osteoporose, Knochenbrüche, spontane Blutungen, vegetative Dystonie, bei Kindern auch Knochenwachstumsstörungen, Rachitis.

*Phosphor*
**Enthalten in:** Milch, Milchprodukten, Eiern, Hülsenfrüchten, Fleisch (Innereien, z. B. Leber), Getreide, Vollkornprodukten.
**Funktion:** Aufbau von Knochen und Zähnen, in lebenswichtigen Eiweißverbindungen für Zellkern, Nerven und Blut, Energieproduktion und -übertragung, beteiligt am Ausgleich des Säuren-Basen-Haushalts.
**Tagesbedarf:** 1,5–3 g.
**Mangelerscheinungen:** Müdigkeit, Schwäche, gestörter Knochenstoffwechsel oder auch Gliederschmerzen.

Achtung! Phosphor sollte im richtigen Verhältnis zu Calcium (Calcium: Phosphor wie 1:1,4) aufgenommen werden. Die meisten Menschen nehmen eher zu viel Phosphor zu sich.

*Magnesium*
**Enthalten in:** allen grünen Gemüsen, Getreidekörnern, Nüssen, Milch.
**Funktion:** Bestandteil von Enzymen, wichtig für Muskel- und Nerventätigkeit, wichtig für Knochenwachstum und -aufbau, Energiefreisetzung aus Glykogen.
**Tagesbedarf:** 0,3–0,5 g.
**Mangelerscheinungen:** Muskelschwäche und -krämpfe, Schlaflosigkeit, Zittern, Herzrhythmus-

störungen, Nervosität und depressive Stimmungen, Menstruationsbeschwerden.

*Natrium*

**Enthalten in:** Kochsalz (NaCl), Räucherfleisch/-fisch, Schinken, Käse, Fertiggerichten, Brot etc.
**Funktion:** Aufrechterhaltung des osmotischen Druckes, hält Wasser im Körper zurück, wichtig für den Wasserhaushalt des Körpers, Salzsäure des Magens, Aktivierung von Enzymen.
**Tagesbedarf:** 1–2 g (bzw. 3–5 g NaCl).
**Mangelerscheinungen:** Schwindel, Kopfschmerzen, Muskelkrämpfe, gestörte Muskel- und Nervenfunktionen, geringe Wasserbildung im Körper und weiterer Wasserverlust, der zu Dehydration und Elektrolytverlusten führen kann.

*Kalium*

**Enthalten in:** Getreide, Gemüse, Obst (z. B. Bananen und Trockenfrüchte), Kartoffeln, Hülsenfrüchten, Pilzen.
**Funktion:** Regulierung des osmotischen Druckes, Wasserausscheidung (Gegenspieler zu Natrium), Muskeltätigkeit, Aktivierung von Enzymen, Energiefreisetzung aus Nährstoffen.
**Tagesbedarf:** 1–3 g.
**Mangelerscheinungen:** unerklärliche Müdigkeit, Herzrhythmusstörungen, Muskelschwäche und -krämpfe, Lungen- und Nierenversagen.

## Die wichtigsten Spurenelemente

Der Tagesbedarf ist nur in Milligramm oder millionstel Gramm messbar.

*Eisen*
**Enthalten in:** Fleisch (Leber, Niere), Kiwis, Vollkorngetreide, Weizenkeimen, Pilzen, grünem Gemüse, Waldbeeren, Eigelb.
**Funktion:** Unerlässlich für die Bildung von Hämoglobin, das den Sauerstoff zu den Zellen transportiert, Bestandteil von Enzymen, wichtig für die Funktion des Nervensystems.
**Mangelerscheinungen:** Müdigkeit, Blässe, Kurzatmigkeit, Anämie, Schwäche, Sauerstoffmangel.
**Hinweis:** Falls Sie Eisenpräparate einnehmen, empfiehlt es sich, dieses nicht mit Tee zu tun, weil dadurch die Aufnahme blockiert wird. Am besten eignet sich ein Vitamin-C-haltiges Getränk (z. B. Orangensaft).

*Mangan*
**Enthalten in:** Fleisch, Geflügel, Grünkohl, Kar-toffeln.
**Funktion:** Wichtig für den Stoffwechsel von Knochen und Gelenken, wichtig für Enzyme.
**Mangelerscheinungen:** Anfälligkeit für Osteoporose und Arthrosen.

*Kobalt*
**Enthalten in:** Bestandteil des Vitamin $B_{12}$ (in tierischen Lebensmitteln). Wer genügend $B_{12}$ über die Nahrung aufnimmt, braucht kein zusätzliches Kobalt.
**Funktion:** Es aktiviert verschiedene Enzyme, ist mitbeteiligt an der Bildung und Ausreifung roter Blutkörperchen und an der Jodaufnahme durch die Schilddrüse.

*Kupfer*

**Enthalten in:** Die Versorgung des Körpers mit Kupfer ist bei ausgewogener Ernährung gesichert.
**Funktion:** Bildung der roten Blutkörperchen, Bestandteil von Enzymen, Knochenstoffwechsel, entzündungshemmend, beteiligt an der Unschädlichmachung von freien Radikalen.
**Mangelerscheinungen:** Anämie, mangelhafte Knochen- und Nierenentwicklung, Pigmentschäden, Veränderung der Haarstruktur, eingeschränkte Sehnen- bzw. Gefäßelastizität.

*Zink*

**Enthalten in:** Die Versorgung des Körpers mit Zink ist bei einer ausgewogenen Ernährung gesichert.
**Funktion:** Bestandteil von Enzymen, Zuckerstoffwechsel, Knochenaufbau, Wundheilung, wichtig gegen geschwürige Dickdarmentzündung, Herpes und Unfruchtbarkeit.
**Mangelerscheinungen:** Appetitverlust, gestörte Wundheilung, Keimdrüsenschwund, Hautveränderungen, Wachstumsstörungen, chronische Müdigkeit.

*Jod*

**Enthalten in:** Seefisch, Meerestieren, jodiertem Kochsalz, Leber, Brunnenkresse, Schwarzbeeren, Spinat.
**Funktion:** Aufbau der Schilddrüsenhormone, Stoffwechselregulation, geschlechtliche Reproduktion.
**Mangelerscheinungen:** Kropf, verminderte Schilddrüsenhormonbildung, vergrößerte bzw. geschwollene Lippen und Zunge, basedowsche Krankheit.

*Chrom*

**Enthalten in:** Vollkornprodukten, Kakao, Mohn, Basilikum, Majoran, Lauch, Edamer, Gouda (50 g Käse enthalten den Tagesbedarf an Chrom).
**Funktion:** Regulierung des Blutzuckers (deshalb gegen Diabetes etc.), senkt erhöhte Cholesterinwerte, beugt vermutlich Infarkten vor.
**Mangelerscheinungen:** Arteriosklerose und deren Folgekrankheiten.

*Selen*

**Enthalten in:** Weintrauben, Ananas, Buchweizen, Hefe (Bierhefe), Fisch, Orangen, Rosenkohl, Rettich, Weißkohl.
**Funktion:** Antioxidans gegen freie Radikale, Schutzfaktor gegen Krebs, Steigerung der Immunabwehr, sorgt für mehr Sauerstoff im Herzen, verbessert die Durchblutung, macht Umweltgifte unschädlich, gegen grauen Star.
**Mangelerscheinungen:** Anfälligkeit für Allergien, Infektionen und rheumatische Erkrankungen, größeres Arteriosklerose-Risiko.

*Fluor*

**Enthalten in:** Fisch, See- und Meerestieren (z. B. Austern, Miesmuscheln), Fleisch, Nüssen, Getreiderandschichten.
**Funktion:** Es erhöht die Festigkeit von Knochen und Zähnen, härtet den Zahnschmelz, vermutlich Vorbeugung gegen Arteriosklerose.
**Mangelerscheinungen:** Anfälligkeit für Karies, Osteoporose.
Hinweis: In größeren Mengen ist Fluor giftig.
Achtung! Der natürliche Mineralstoffgehalt vieler Lebensmittel wird häufig durch Fehler bei der

Zubereitung vermindert. Die üblichsten sind:

- Entfernen der Randschichten (knapp unter der Schale von Obst, Getreide, Gemüse etc. liegen oft die meisten Mineralstoffe!),
- Auslaugen der wertvollsten (weil wasserlöslichen) Mineralstoffe beim Kochen und/oder Waschen,
- Weggießen von Gemüsesud (und Ähnlichem), besser wäre die Weiterverwertung – möglichst bei der gleichen Mahlzeit,
- Verwendung von übermäßig bearbeiteten Nahrungsmitteln an Stelle von naturbelassenen.

## Ballaststoffe (Faserstoffe)

Sie werden als vom Menschen nicht oder nur teilweise verwertbare Nahrungsbestandteile definiert. Ballaststoffe zählen zu dem Bereich der lebenswichtigen „Vitalstoffe" – ein Sammelbegriff, unter den auch Mineralstoffe, Spurenelemente, Enzyme, ungesättigte Fettsäuren und die wasser- und fettlöslichen Vitamine des Vitamin-B-Komplexes fallen.
Ein hoher Anteil an Ballaststoffen in unserer Nahrung ist für uns lebenswichtig, da dadurch das Stuhlgewicht erhöht, die Darmperistaltik angeregt und die Transitzeit unserer Nahrung durch den Verdauungstrakt gesenkt wird. Auch die Absonderung von Verdauungssäften wird gefördert.
Schon ein altes chinesisches Sprichwort besagt, dass die Gesundheit des Menschen im Darm liegt. Eine gesunde Darmflora (z. B. unterstützt durch Joghurt) und das regelmäßige Anregen der Verdauung durch Ballaststoffe (Vollkornbrot, Obst, Gemüse etc.) sind essenzielle Bestandteile unserer Krankheitsvorsorge und unseres täglichen Wohlbefindens.

## Wasser

Der Körper besteht zu etwa 1 Prozent aus Kohlenhydraten, 4 Prozent aus Mineralstoffen, 15 Prozent aus Fett und 20 Prozent aus Eiweiß – vor allem aber zu rund 60 Prozent aus Wasser!

Wasser ist die Grundlage allen Lebens auf unserer Erde. Es ist nicht nur Körperbaustoff, sondern auch ein ideales Lösungsmittel, das für den Transport aller Nährstoffe zu den Zellen, aber auch für den Abtransport von Abfall- und Giftstoffen unbedingt nötig ist. Außerdem regelt es die Körpertemperatur und die Zellspannung. Der Wasserbedarf des Menschen liegt bei ungefähr 35 g pro kg Körpergewicht (bei mittlerer Arbeit in gemäßigtem Klima). Durchschnittlich bedeutet das in etwa 2 bis 2,5 l am Tag.

Eine zu geringe Wasseraufnahme belastet (neben Kreislaufproblemen und anderen Schädigungen) zunächst einmal die Verdauung. Deshalb empfiehlt es sich, Mahlzeiten mit wasserreicher Kost (z. B. Obst-/Gemüsesäfte, Rohkost oder Suppe) zu beginnen. Zu viel Salz hält Wasser im Körper zurück und sollte daher vermieden oder mit erhöhter Wasserzufuhr ausgeglichen werden.

Sie sollten aber trotzdem nicht einfach drauflostrinken, sondern beim Genuss von Trink-, Mineral-, Tafelquell- und Heilwasser darauf achten, dass

1. der größte Teil des vom Körper benötigten Wassers zwecks leichterer Verarbeitung durch den Wassergehalt der Nahrungsmittel (z. B. Obst und Gemüse) zugeführt werden sollte,

2. der Nitratgehalt so gering wie möglich ist, um das Risiko von Bluthochdruck und Krebs zu vermeiden,
3. der Kohlensäureanteil sehr gering ist (siehe auch Kapitel 1). Notfalls sollten Sie die Kohlensäure aussprudeln.

***Tipps:***

- Wenn Sie abnehmen wollen, sollten Sie vor jeder Mahlzeit ein Glas Wasser in kleinen Schlucken trinken. Das reduziert das Hungergefühl und Sie essen automatisch weniger.
- Immer wieder werden die Signale, die unser Körper sendet, von uns falsch gedeutet. Nicht jedes vermeintliche Hungergefühl will uns tatsächlich auf Hunger hinweisen. Oftmals reicht ein Glas Wasser, um die Bedürfnisse des Körpers zu befriedigen.
- Sie sollten jeden Tag noch vor dem Frühstück mit einem Glas Wasser beginnen. Das setzt die verschlafenen Körperfunktionen wieder in Gang.

Für esoterisch interessierte Menschen empfiehlt es sich auch, jede Nacht ein Glas Wasser neben dem Bett zu deponieren. Als neutrales Medium kann Wasser die Schwingungen des Schläfers aufnehmen und speichern. In der Früh ergibt sich so ein „persönliches“ Getränk, das sich auf die Bedürfnisse des Körpers energetisch eingestellt hat, etwaige Alptraumreste verscheucht und rundum belebend wirkt.

# Ein paar Gedanken über Sojaprodukte

Eine nicht zu unterschätzende Rolle in der modernen Ernährungswissenschaft spielt die Sojabohne. Von Sojamilch bis zum Sojadessert mit Vanillegeschmack, von geräuchertem Tofu bis zum Sojawürstchen sind die Regale der Reformhäuser angefüllt mit Produkten aus dem vielseitigen „Wundermittel". Grund genug, an dieser Stelle ein paar Begriffe zu erklären.

Die Sojabohne zählt – ähnlich wie Erbsen, Bohnen oder auch Erdnüsse – zur Familie der Hülsenfrüchte (= die essbaren, reifen Samen der Schmetterlingsblütengewächse). Sie ist aufgrund ihres hohen Ölgehaltes ein wichtiger Öllieferant für den Körper. Ferner dient sie als konzentrierte Eiweißbombe, denn sie enthält 40 Prozent Protein mit sehr guter biologischer Wertigkeit. Außer dem hochwertigen Eiweiß enthält sie 35 Prozent Kohlenhydrate, 11 Prozent Ballast- und Mineralstoffe (insbesonders Eisen) und 23 Prozent Fett. Wie viele Hülsenfrüchte, so enthält auch die Sojabohne eine Reihe von toxisch wirkenden Substanzen, die erst durch ein geeignetes Zubereitungsverfahren zerstört werden müssen. So ist z. B. der Genuss von rohem Sojamehl unbekömmlich.

## Die häufigsten Grundbearbeitungen

- **Tofu:** Er enthält das wertvolle Sojaeiweiß ohne chemische Zusätze, dafür aber mit gut aufgeschlossenen und angereicherten Mineralstoffen. Vorsicht ist jedoch vor dem hohen Fettanteil geboten.

- **Sojakeime:** Sie dienen als ideale Vitaminspritze, da durch das Keimen der Vitamingehalt der Sojabohne enorm erhöht wird.
- **Tempeh:** In diesem Fall werden die Sojabohnen zunächst einmal gekocht und püriert, schließlich mit einer Schimmelpilzkultur geimpft und 24 Stunden vergärt. Das fertige Produkt, eine Art Käse, enthält 25 Prozent sehr gut aufgeschlossenes Protein und das Vitamin $B_{12}$, das von den Pilzen produziert wird.
- **Sojasauce:** Sie sollte wegen ihres hohen Salzgehaltes nur in Maßen genossen werden. Am bekömmlichsten ist Tamari-Sojasauce.
- **Miso:** Das ist ein traditionelles, fermentiertes Sojabohnenpüree. Miso enthält lebende Enzyme, die die Verdauung unterstützen. Ferner hat es einen hohen Gehalt an Mineralstoffen, Vitaminen und Proteinen. Es enthält Linolsäure und Lecithin, die das Cholesterin lösen und die Adern geschmeidiger machen. So kann Miso zur Vorbeugung von Arteriosklerose oder hohem Blutdruck sehr wertvoll sein.

  Darüber hinaus stärkt Miso auch die Widerstandskraft (durch den hohen Gehalt an Glucose), ernährt die Haut, unterstützt die Bildung von Bindegewebe und hilft bei Verstopfung).

  Nach japanischer Mythologie ist Miso ein Geschenk der Götter an die Menschen, um ihnen Gesundheit, Langlebigkeit und Glück zu schenken. Es eignet sich ideal zum Würzen von Suppen.

## Vollwerternährung – kurz und bündig

Eine vollwertige Ernährung setzt sich zusammen aus:

45 Prozent Gemüse und Obst (davon die Hälfte Rohkost bzw. Salat),
30 Prozent Vollgetreide,
10 Prozent Milch, Käse und Ei,
10 Prozent Hülsenfrüchte,
3 Prozent Fisch und Fleisch,
2 Prozent Bierhefe.

Ferner sollte Ihr täglicher Salzkonsum 3 g möglichst nicht überschreiten.

## Ein paar Worte zum Schluss...

Das Wort „Diät“ kommt aus dem Griechischen und bedeutet ursprünglich so viel wie Lebenseinteilung oder Lebensweise. Es umfasst daher weit mehr als nur eine reduzierte Kalorienzufuhr, weil es sich auf körperliches, geistiges und seelisches Wohlbefinden bezieht und eher etwas mit einer Lebensumstellung, einer Neugestaltung zu tun hat. Sie sollten versuchen, einen liebevollen, gesunden Umgang mit Ihrem Körper in allen Lebenslagen an die erste Stelle zu setzen. Halten Sie nicht Diät im herkömmlichen Sinn – integrieren Sie eine vitalstoffreiche Ernährung in Ihren Alltag!
Alle nachfolgenden Rezepte sind für 4 Portionen gedacht; verwenden Sie nach Möglichkeit immer Meersalz und frisch gemahlenen Pfeffer.

# Gesunde Frühstücksideen

## Früchte mit Hüttenkäse

*Zutaten:*
200 g Hüttenkäse
2 EL Honig
1 Msp. Zimt
75 g Himbeeren (notfalls auch tiefgekühlt)
1–2 Äpfel

*Zubereitung:*
Hüttenkäse, Honig und Zimt gut vermengen. Frische Himbeeren vorsichtig waschen und abtropfen lassen; mit Hüttenkäse verrühren. Äpfel waschen, vierteln und das Kerngehäuse entfernen. Je nach persönlicher Vorliebe können Sie die Äpfel auch schälen. Bedenken Sie aber, dass viele Mineralstoffe direkt unter der Schale liegen und somit verloren gehen. Apfelviertel quer in dünne Scheiben schneiden und unter das Hüttenkäse-Dessert mengen.

## Früchtereis

*Zutaten:*
200 g unpolierter Reis
240 g Bananen
200 g Kiwis
200 g Orangen
4 TL Honig
4 EL Kokosraspeln
4 EL Zitronensaft
Ingwer

*Zubereitung:*
Reis mit etwas Wasser 30 Minuten bei kleinster Hitze garen, vom Herd nehmen und 10 Minuten quellen lassen. Bananen, Kiwis und Orangen schälen, stückeln und mit Zitronensaft marinieren. Gegarten Reis und Kokosraspeln dazumischen, Gericht mit etwas frisch geriebenem Ingwer und Honig abschmecken.

## Ballaststoff-Bombe

*Zutaten:*
200 g getrocknete Feigen
200 g getrocknete Datteln
200 g geschrotete Leinsamen
200 g frisch gepresster Orangensaft,
80 g Weizenkleie
400 g Frischmilch

*Zubereitung:*
Gedörrte Datteln und Feigen klein schneiden und über Nacht in etwas Wasser einweichen. In der Früh Getreide, abgetropfte Früchte und Orangensaft mischen und das Müsli mit warmer Milch übergießen.

*Tipp:*
Diese ballaststoffreiche Müslivariante hilft rasch gegen Darmträgheit. Sie können Ihre Verdauung auch anregen, indem Sie 1 EL geschrotete Leinsamen und 1 TL Weizenkleie in einen Becher Joghurt oder Bifidus einrühren. Das bringt nicht nur Ihren Darm in Schwung, es reguliert auch die Darmflora.

## Frühstücksmüsli mit Rhabarber

*Zutaten:*
800 g Rhabarber
400 g Magerjoghurt
80 g Dinkelflocken
80 g Cornflakes
80 g Apfeldicksaft (aus dem Reformhaus)
40 g gehackte Walnüsse

*Zubereitung:*
Rhabarber putzen, mit einem Sparschäler schälen und mit Apfeldicksaft und etwa 4 EL Wasser kurz aufkochen lassen. Rhabarberstücke abtropfen lassen, Saft beiseite stellen und auskühlen lassen. Dinkelflocken in einer beschichteten Pfanne ohne Fett anbräunen lassen und mit kalten Rhabarberstücken und Cornflakes vermengen. Magerjoghurt mit Rhabarbersaft anrühren und darüber gießen. Gericht mit gehackten Walnüssen bestreut servieren.

*Tipp:*
Rhabarber enthält sowohl Vitamin C als auch Kalium und wirkt verdauungsanregend. Zusammen mit den Ballaststoffen des Müslis ergibt sich so eine ideale Wirkung für Ihren Darm.

## Frühstücksmüsli – selbst gemacht

*Zutaten:*
240 g Getreideflocken (Hafer, Weizen, Gerste, Mais)
80 g Rosinen

4 Gläser teilentrahmte Milch
20 Mandeln
4 kleine Äpfel

*Zubereitung:*
Getreideflocken, Rosinen und Milch am Vorabend in eine Schüssel geben und über Nacht im Kühlschrank quellen lassen. Am Morgen Mandeln fein hacken; Äpfel waschen, vom Kerngehäuse befreien und klein stückeln. Mandeln und Apfelstücke unter das Müsli mischen.

## Miso-Brot

(Rezept reicht für 2 Brotlaibe)

*Zutaten:*
8 Tassen frisch gemahlenes Vollkornweizenmehl
2/3 Tasse Miso
3 Tassen Wasser
etwas Öl für die Form

*Zubereitung:*
Mehl in eine Schüssel geben, Miso mit 1 Tasse Wasser anrühren und mit 2 Tassen Wasser und dem Mehl mischen. Den Teig etwa 10 Minuten durchkneten, bis er weich und elastisch geworden ist. Teig in eine leicht geölte Form geben, mit einem feuchten Tuch abdecken und über Nacht an einem warmen Platz (Heizung) stehen lassen. Am nächsten Tag noch einmal durchkneten und 2 Laibe daraus formen. 2 Brotformen erhitzen, mit Öl auspinseln, den Teig hineingeben, mit einem feuchten Tuch abdecken und wieder 2–4 Stunden an einem warmen Platz gehen lassen. Brot in einen kalten

Ofen geben und bei 180 Grad etwa 1/4 Stunde backen.

*Tipp:*
Stellen Sie ein kleines Töpfchen mit kaltem Wasser auf den untersten Ofenrost, damit das Brot gleichmäßig braun wird.

Miso fördert den Fermentierungsprozess und gibt dem Brot einen leicht süßlichen Geschmack.

# Suppen

Gleich zu Beginn zwei Grundrezepte für Brühen, die in vielen anderen „Powerdiät“-Rezepten weiter verarbeitet werden. Kochen Sie die Gemüse- oder Miso-Brühe am besten gleich auf Vorrat. Sie können sie auch portionsweise einfrieren.

Die Rezepte für die anderen Suppen beziehen sich auf jeweils 4 Personen und sind, wenn Sie abnehmen möchten, als Hauptspeise, nicht als Vorspeise gedacht. Sie sollten Ihr Abendessen möglichst klein halten. Ein Salat oder eine Gemüsesuppe ist dafür gerade das Richtige.

## Basis-Gemüsebrühe (auf Vorrat)

*Zutaten:*
2 Teile Möhren
1 Teil Zwiebel
1 Teil Sellerie
1 Teil Kohlgemüse
Lorbeer
Thymian
Knoblauch
Muskat
Pfeffer (gestoßen)

*Zubereitung:*
Gemüse gut waschen, schneiden, in reichlich kaltem Wasser aufsetzen und zum Kochen bringen. Zwiebel leicht anbräunen und zusammen mit den Gewürzen in die kochende Suppe geben. Etwa 110 Minuten sieden lassen, dann abpassieren.
Sie können nach Belieben weitere Kräuter hinzufügen (z. B. Petersilie, Liebstöckel usw.)

*Tipp:*
Es empfiehlt sich, die Brühe auf Vorrat zu kochen, da sie in mehreren Rezepten immer wieder gebraucht wird. Wenn Sie sie noch heiß in gut verschließbare Gläser füllen, ist sie im Kühlschrank gut eine Woche haltbar.

## Einfache Miso-Gemüsebrühe (Basisrezept)

*Zutaten:*
pro Person 1–2 Tassen Wasser
2 TL Miso
Petersilie
Schnittlauch
Zwiebeln
Lauch
frische Kräuter

*Zubereitung:*
Wasser zum Kochen bringen und auf kleiner Flamme köcheln lassen. Miso mit 2 TL kaltem Wasser anrühren und mit dem heißen (aber nicht mehr kochenden) Wasser vermengen. Suppe 5 Minuten ziehen lassen.
Gemüse und Kräuter waschen, putzen, fein hacken und als Garnierung in die fertige Suppe streuen.

*Tipp:*
Zur Abwechslung können Sie auch fein geschnittenes Saisongemüse mitkochen.
Miso ist ein traditionelles, fermentiertes Sojabohnenpüree. Es enthält lebende Enzyme, die die Verdauung unterstützen. Ferner hat es einen hohen Gehalt an Mineralstoffen, Vitaminen und Proteinen.

Es enthält Linolsäure und Lecithin, die das Cholesterin lösen und die Adern geschmeidiger machen. So kann Miso zur Vorbeugung von Arteriosklerose oder hohem Blutdruck sehr wertvoll sein. Außerdem stärkt es die Widerstandskraft, ernährt die Haut, unterstützt die Bildung von Bindegewebe und hilft bei Verstopfung.
Nach japanischer Mythologie ist Miso ein Geschenk der Götter an die Menschen, um ihnen Gesundheit und Glück zu geben.

## Gazpacho

*Zutaten:*
250 g Tomaten
250 g Salatgurke
1 Zwiebel
2 Knoblauchzehen
200 g saure Sahne
2 Becher Joghurt
1 EL Olivenöl
2–3 gestrichene TL Kräutersalz
1/2 TL Paprikapulver (süß)
2 Msp.. weißer Pfeffer
Saft von 1/2–1 Zitrone (je nach Geschmack)
1 Bund Dill, 1 Bund Schnittlauch
Kräutersalz

*Zubereitung:*
Tomaten waschen und halbieren, Stängelansatz entfernen. Gurke(n) waschen, putzen und grob zerkleinern. Zwiebel und Knoblauchzehen schälen und halbieren. Gemüse mit den übrigen Zutaten in den

Mixer füllen und fein mixen. Dill und Schnittlauch fein schneiden und einen Teil unter die Suppe mischen. Mit Kräutersalz abschmecken, in Suppentassen verteilen und mit restlichen Kräutern bestreuen.

*Tipp:*
Die kalte Suppe schmeckt besonders gut an heißen Sommertagen. Sie können die Gazpacho auch zu gleichen Teilen mit Mineralwasser vermengen und kalt stellen. So erhalten Sie einen erfrischenden, sommerlichen Gemüse-Joghurt-Drink.

## Spargelcremesuppe mit geräuchertem Tofu

*Zutaten:*
500 g Spargel
40 g Butter
1dl Weißwein
4dl Gemüsefond
3/8 l Sahne
60 g geräucherter Tofu (als Fertigprodukt in Reformhäusern erhältlich)
Salz
Pfeffer

*Zubereitung:*
Spargel schälen und in kleine Stücke schneiden. Von den Spargelspitzen ungefähr 2 cm übrig lassen und extra kochen – sie werden als Einlage für die fertige Suppe benötigt.
Butter erhitzen und klein geschnittene Spargelstücke darin anschwitzen. Mit Weißwein ablöschen,

mit Gemüsefond und Sahne aufgießen, ca. 20 Minuten köcheln lassen und mit Salz und Pfeffer abschmecken.
Suppe mit einem Stabmixer pürieren, eventuell anschließend noch durch ein Sieb passieren. Tofu in kleine Würfel schneiden und zusammen mit den Spargelspitzen als Einlage in die fertige Suppe geben.

## Fenchel-Sellerie-Suppe

*Zutaten:*
200 g Kartoffeln (geschält und roh gewogen)
200 g Fenchel
100 g Sellerie
1 1/2 l Brühe
4 EL Sahne oder saure Sahne
Salz
Muskatnuss
2 EL frisch gehacktes Fenchelgrün
etwa 3 TL Sojasauce

*Zubereitung:*
Kartoffeln, Fenchelknolle und Sellerie schälen, in kleine Stücke schneiden, zusammen mit der Brühe in einen Kochtopf geben, salzen und weich kochen. Suppe mit einem Stabmixer pürieren, mit Muskatnuss, Fenchelgrün und Sojasauce würzen. Topf vom Herd nehmen und Sahne einrühren.

*Tipp:*
Sojasauce sollte wegen ihres hohen Salzgehalts nur in Maßen genossen werden. Am bekömmlichsten ist Tamari-Sojasauce.

## Gemischte Basensuppe (nach Dr. Rauch)

*Zutaten:*
100 g Blumenkohl
100 g Kohlrabi
100 g Brokkoli
100 g Kartoffeln
100 g Kohlsprossen
100 g Zucchini
100 g Zwiebel
4 Knoblauchzehen
Salz, Pfeffer
Muskatnuss
Sojasauce
frisch gehackte Gartenkräuter
Öl für den Topf
evtl. saure Sahne

*Zubereitung:*
Zwiebel fein schneiden und mit den gepressten Knoblauchzehen in etwas Öl anschwitzen. Gemüse waschen, putzen, sehr klein schneiden, zu den Zwiebeln geben und ebenfalls leicht anschwitzen. Mit Brühe auffüllen, weich kochen und mit Gewürzen, Kräutern und Sojasauce würzen. Je nach Belieben können Sie die Suppe noch mit etwas saurer Sahne abschmecken.

*Tipp:*
Sie können die Suppe vor dem Servieren noch mit ein paar entkernten Tomatenwürfeln garnieren. Die gemischte Basensuppe ist eine Wohltat für den Säure-Basen-Haushalt Ihres Körpers. Versuchen Sie, „kleine Säure-Sünden“ damit auszugleichen.

## Kerbel-Petersilien-Suppe

*Zutaten:*
1 Bund Petersilie
1 Kästchen Kerbelkraut
750 ml Brühe
250 ml teilentrahmte Milch
Salz und Gewürze nach Belieben

*Zubereitung:*
Kerbel und Petersilie waschen, Petersilienstängel entfernen. Kräuter mit der Brühe in einen Topf geben und 15 Minuten kochen lassen. Suppe mit dem Stabmixer pürieren, Milch dazugießen und mit den Gewürzen abschmecken.

## Sojasprossensuppe mit geröstetem Dinkel

*Zutaten:*
200 g Sojakeimlinge
100 g frische grüne Erbsen
50 g Dinkelflocken
Sojasauce
gehackte Petersilie
Brühe
Salz
Pfeffer

*Zubereitung:*
Dinkelflocken in einer beschichteten Pfanne ohne Fett anbräunen und mit Brühe aufgießen. Sojakeimlinge und Erbsen in die Suppe geben und gar kochen. Mit Sojasauce, Salz und Pfeffer abschme-

cken, Suppe vom Herd nehmen und kurz vor dem Servieren mit gehackter Petersilie bestreuen.

*Tipp:*
Dinkel ist ein Verwandter des Weizens; er ist jedoch wohlschmeckender und leichter verdaulich.

## Russischer Borschtsch à la Rosa

*Zutaten:*
500 g Weißkohl
300 g Rote Bete
300 g Lauch
200 g Möhren
40 g Crème fraîche
Knoblauchzehen nach Belieben
Brühe
Wacholderbeeren
Lorbeerblatt
bunte Pfefferkörner
weißer Pfeffer
Salz
Butter

*Zubereitung:*
Gemüse waschen, Rote Bete klein würfeln, Lauch in Ringe schneiden, Weißkohl fein raspeln, Möhren und Knoblauch schälen und in dünne Scheiben schneiden. Gemüse in etwas Butter leicht anschwitzen, mit Brühe ablöschen und gar kochen. Suppe mit Gewürzen abschmecken und mit je 1 Löffel Crème fraîche verziert in Suppentellern anrichten. Die Konsistenz des Borschtsch sollte möglichst dick sein.

*Tipp:*
Damit der Borschtsch sämiger wird, können Sie auch noch ein paar geschälte Kartoffeln weich kochen, mit etwas Brühe und einem Stabmixer pürieren und in die Suppe einrühren.

## Zucchini-Miso-Suppe

*Zutaten:*
1/2 Tasse Zwiebel (in dünne Streifen geschnitten)
2 Tassen Zucchini (in kleine Stücke oder Streifen geschnitten)
1 l Brühe
1/4 Tasse Miso
Öl zum Andünsten
1 Möhre

*Zubereitung:*
Erst die Zwiebel, dann die Zucchini andünsten, Wasser oder Brühe dazugießen. Nach dem Aufkochen die Hitze reduzieren und etwa 3 Minuten ohne Deckel köcheln lassen. Möhre putzen, in dünne Scheiben schneiden und zur Suppe geben. Bei geschlossenem Topf fertig garen lassen. Miso mit etwas Wasser oder Brühe anrühren, dazugeben und etwa 5 Minuten ziehen lassen.

## Blumenkohl-Miso-Suppe

*Zutaten:*
1/2 Tasse Zwiebel (in Würfel geschnitten)
1 Tasse Blumenkohlröschen
1 l Brühe

1/4 Tasse Miso
Öl zum Andünsten
1 Blatt Nori (geröstet)

*Zubereitung:*
Zwiebel glasig braten, Blumenkohl und etwas Brühe dazugeben, auf kleiner Flamme gar kochen. Miso mit etwas Wasser oder Brühe anrühren, zur Suppe geben und etwas ziehen lassen. Mit Nori und Schnittlauch garnieren.

*Tipp:*
Nori ist eine dunkle japanische Algenart, die in dünnen streifen angeboten wird. Sie eignet sich vorzüglich zum Garnieren und verleiht der Suppe eine etwas ausgefallene Note. Sollten Sie Mühe haben, in Ihrer Wohngegend Nori zu finden, können Sie auch Schnittlauch verwenden.

## Sesam-Miso-Suppe mit Brokkoli

*Zutaten:*
2 Tassen Brokkoli
1 l Brühe
1/2 Tasse Sesam
1/4 Tasse Miso
Öl zum Dünsten

*Zubereitung:*
Brokkoliröschen vom Stiel trennen, Stiel in kleine Stücke schneiden. Damit die Brokkoliröschen ihre grüne Farbe behalten, werden sie mit etwas Wasser in einem separaten, offenen Topf vorab gekocht, bis sie leuchtend grün sind. Danach Brokkoli-

röschen abgießen und zur Seite stellen; Gemüsewasser ebenfalls beiseite stellen. Die klein geschnittenen Stiele mit Brühe in einem Topf zum Kochen bringen. Bis auf 1/2 Tasse vom Gemüsewasser nachgießen, erneut aufkochen und bei geschlossenem Topf auf kleiner Flamme garen lassen.
Erst zum Schluss die vorgekochten Brokkoliröschen dazugeben.
Sesam gründlich waschen und in einer Pfanne ohne Öl bei mittlerer Hitze leicht braun rösten. Samen in eine Schüssel geben und gründlich zerreiben, Miso dazugeben, mit der 1/2 Tasse Gemüsewasser unter die Suppe mengen. Einige Minuten ziehen lassen.

*Tipp:*
Die gerösteten Sesamsamen geben der Suppe ihren unverwechselbaren Geschmack. Sie können nach Belieben auch mehr davon nehmen, um den Effekt zu intensivieren.

## Miso-Suppe mit Vollkorn-Spiralnudeln

*Zutaten:*
1/2 Tasse Zwiebeln, feingehackt
1/2 Tasse Möhren
1/2 Tasse Sellerie oder Kohl
1/2 Tasse Vollkorn-Spiralnudeln (gekocht)
1/4 Tasse Miso
1 l Brühe
Kräuter zum Garnieren
Öl zum Dünsten

*Zubereitung:*
Gemüse in kleine Stücke schneiden und in etwas Öl andünsten. Brühe dazugeben, kurz aufkochen und auf kleiner Flamme garen. Miso in einer Tasse mit etwas Wasser oder Brühe anrühren und mit den gekochten Vollkorn-Spiralnudeln zum Gemüse geben. 5 Minuten ziehen lassen, mit Kräutern garniert servieren.

## Kartoffel-Miso-Suppe

*Zutaten:*
1/2 Tasse frischgemahlenes Vollkornweizenmehl
1 Tasse geriebene Kartoffeln
1 l Brühe
1/4 Tasse Miso
1 TL geriebene Zitronenschale

*Zubereitung:*
Mehl und Kartoffeln mischen, aus dem Teig mit feuchten Händen Nockerl formen. Brühe aufkochen und die Nockerl hinzufügen; wenn sie an die Oberfläche steigen, sind sie gar. Miso in etwas Wasser oder Brühe anrühren, in die Suppe geben und etwas mitziehen lassen. Mit Zitronenschale garnieren und servieren.

*Tipp:*
Die Kartoffel-Miso-Suppe ist ein traditionelles Gericht aus Japan, das ursprünglich mit japanischen Jinenjo-Kartoffeln zubereitet wird. Wenn Sie Schwierigkeiten haben, diese Kartoffelart zu bekommen, nehmen sie stattdessen die kleinstmöglichen Knollen (möglichst Kirschgröße).

## Minestrone

*Zutaten:*
1 Zwiebel
50 g durchwachsener Speck, geschnitten
1 Möhre
1/2 Sellerie
1 Stange Lauch
1 Zucchino
3 kleine Tomaten
50 g Vollkornspaghetti
5 Knoblauchzehen
1 EL Olivenöl
Salz
Pfeffer
Majoran
Parmesan

*Zubereitung:*
Zwiebel schälen und fein hacken. Speck kleinwürfelig schneiden. Möhre und Sellerie putzen und schälen. Lauch und Zucchino putzen und gut waschen. Tomaten kurz in kochendes Wasser tauchen, abschrecken, enthäuten, vierteln und entkernen. Tomaten und restliches Gemüse in Würfel schneiden.
Im Druckkochtopf Zwiebel und Speck in Öl anschwitzen. Gemüse zugeben, mit Salz, Pfeffer, Majoran und zerdrückten Knoblauchzehen würzen. Die Brühe zugießen, Topf verschließen, Suppe 5 Minuten unter Druck kochen, Topf abkühlen und öffnen. Vollkornspaghetti in kleine Stücke brechen, in die Suppe geben, Topf verschließen und unter Druck weitere 3 Minuten kochen. Suppe mit Parmesan bestreut servieren.

## Suppe mit Wurzelgemüse

*Zutaten:*
200 g frisches Wurzelwerk (Möhren, Sellerie, Petersilienwurzel)
300 g Kartoffeln, geschält und roh gewogen
11/2 l Brühe
Salz
Muskatnuss
2 EL saure Sahne
2 TL frisch gehackte Gartenkräuter (z. B. Kresse, Kerbelkraut, Zitronenmelisse)

*Zubereitung:*
Wurzelwerk schälen oder abschaben, waschen und in kleine Stücke schneiden. Kartoffeln schälen, würfeln, zum Wurzelwerk geben und alles in der leicht gesalzenen Brühe weichkochen. Suppe mit einem Stabmixer pürieren und mit Salz und Muskatnuss abschmecken. Mit saurer Sahne legieren. Frisch gehackte Kräuter darüber streuen.

*Tipp:*
Rühren Sie die saure Sahne gut an, bevor sie in die Suppe gemengt wird. Wenn Sie das Gemüse fein geschnitten haben, müssen Sie die Suppe nicht unbedingt pürieren.

## Gurkensuppe

*Zutaten:*
2 Gurken
1 Zwiebel
gehackte Petersilie

900 ml Brühe
100 ml teilentrahmte Milch
Pfeffer

*Zubereitung:*
Gurken waschen, schälen und in dünne Scheiben schneiden; die Zwiebel ebenfalls schälen und in feine Scheiben schneiden. Gemüse mit der Brühe in einen Topf geben und 15 Minuten kochen lassen. Suppe mit einem Stabmixer pürieren, teilentrahmte Milch dazugießen und abschmecken. Kurz vor dem Servieren bestreuen Sie die Suppe noch mit fein gehackter Petersilie.

*Tipp:*
Sie können den Geschmack verfeinern, indem Sie erst die Zwiebel, dann die Gurken in etwas Fett leicht anschwitzen, bevor Sie die Brühe zugießen.

## Bunter Suppentopf mit Linsen

*Zutaten:*
300 g Linsen
400 g Möhren
4 Stangen Lauch
200 g Sellerie
500 g Kartoffeln
4 Zwiebeln
ca. 11/4 l Brühe
4 TL Öl
1 Bund Petersilie
Oregano
Salz
Pfeffer

*Zubereitung:*
Am Vorabend Linsen in eine Schüssel mit kaltem Wasser geben und über Nacht quellen lassen. Gemüse waschen, putzen; Möhren und Kartoffeln schälen, alles kleinwürfelig schneiden und in einem großen Topf mit etwas Öl kurz anbraten. Brühe dazugießen und abgetropfte Linsen in die Suppe geben. Gemüsemischung auf kleiner Flamme bissfest garen und mit Gewürzen abschmecken. Fertige Suppe mit gehackter Petersilie bestreuen und servieren.

## Kräuter-Gurkensuppe

*Zutaten:*
1 kg Salatgurken
1/2 l Brühe
1 TL frisch gehackter Rosmarin
1 TL frisch geriebener Meerrettich
6 EL frisch gehackter Dill
1 TL Ahornsirup
1–2 TL Zitronensaft
1 Msp. Salz
1 Msp. weißer Pfeffer
150 g Crème fraîche

*Zubereitung:*
Gurken gründlich waschen. Ein etwa 20 cm langes Stück Salatgurke abschneiden, auf einer Reibe fein raspeln und beiseite stellen. Die übrigen Gurken schälen, der Länge nach halbieren, mit einem Löffel entkernen und grob würfeln. Gurkenwürfel mit Brühe und Rosmarin in einen Topf geben und 20 Minuten auf kleiner Flamme köcheln lassen.

Gurkenraspeln mit Ahornsirup, Zitronensaft, Salz und Pfeffer vermengen und unter die Suppe rühren. Crème fraîche unterziehen. Dill klein schneiden und die fertige Suppe damit garnieren.

# Rohkost und Salate

## Trauben-Sellerie-Salat

*Zutaten:*
500 g Weintrauben
8 Stangensellerie
100 g magerer Schnittkäse (20 Prozent Fett i.T.)
4 Bund Petersilie
Apfelessig
Pfeffer
Kräutersalz
4 EL Öl

*Zubereitung:*
Die gewaschenen Trauben halbieren. Käse würfelig schneiden. Die Selleriestangen waschen, putzen und in feine Scheiben schneiden, mit Trauben und Käse mischen.
Für die Marinade Petersilie fein hacken und mit Essig, Öl und Gewürzen mischen. Salat mit Marinade anrichten.

## Frischer Vital-Salat

*Zutaten:*
80 g Feldsalat
200 g Radicchio
1 Stange Lauch
2 Äpfel
4 Kiwis
200 g Dosenmais
200 g Magerjoghurt
Zitronensaft
Salz, Pfeffer
Schnittlauch

*Zubereitung:*
Gemüse und Obst waschen, putzen, klein schneiden und vermengen. Für die Marinade Joghurt mit Gewürzen mischen, über den Salat gießen und mit Schnittlauch verzieren.

*Tipp:*
Der Salat schmeckt am besten frisch zubereitet. Servieren Sie dazu Vollkornbrot.

## Spargelsalat mit Nüssen

*Zutaten:*
500 g frischer Spargel
200 g Magerquark
1 Tasse Sahne
30 g geschälte Walnüsse
1 Ei
1 TL Honig
1 TL Senf
2 gestrichene TL Kräutersalz
1 Msp weißer Pfeffer
Saft von 1 Zitrone
1 kleine Zwiebel
frische Kräuter

*Zubereitung:*
Spargel waschen, schälen und in etwa 2 cm lange Stücke schneiden. Quark, Sahne, Nüsse, Ei, Honig, Senf, Kräutersalz, Pfeffer, Zitronensaft, Kräuter und die geschälte und halbierte Zwiebel in den Mixer füllen und fein pürieren. Marinade über die rohen Spargelstücke gießen und etwas durchziehen lassen.

*Tipp:*
Als Kräuter eignen sich Dill, Petersilie, Estragon und Zitronenmelisse besonders gut.
Die sehr delikate Sauce passt auch zu gekochten Blumenkohlröschen oder zu rohem, grob geriebenem Kohlrabi bzw. rohen, gewürfelten Zucchini.

## Sauerkraut-Lauch-Salat

*Zutaten:*
500 g rohes Sauerkraut
1 Stange Lauch
3 Eigelb
1 TL Honig
1 gestrichener TL Kräutersalz
1 gestrichener TL Paprikapulver (süß)
1 Msp. schwarzer Pfeffer
1 Tasse Öl

*Zubereitung:*
Sauerkraut etwas zerschneiden. Lauchstange längs halbieren, Wurzeln und schlechte Blätter entfernen, waschen und in dünne Scheiben schneiden. Die Eigelb mit Honig, Senf, Zitronensaft und Gewürzen in eine Schüssel geben, mit dem Schneebesen der Küchenmaschine leicht schlagen, dann auf höchste Stufe schalten und das Öl langsam dazufügen. Marinade über Sauerkraut und Lauchringe gießen, alles gut vermengen.

*Tipp:*
Wer will, kann die Mayonnaise auch mit nur einem Eigelb anrühren. Statt des Zitronensaftes kann auch Kräuteressig verwendet werden.

## Rohkostsalat mit Orangensauce

*Zutaten:*
200 g Endiviensalat
2 Chicorée
300 g Karotten
300 g Möhren
200 g Sellerie
1/2 Salatgurke

*Zutaten für die Sauce:*
1/4 l frisch gepresster Orangensaft
Saft von 2 Zitronen
4 EL kaltgepresstes Öl
1 EL gehackte Kräuter
1 TL Honig
Salz
Pfeffer

*Zubereitung:*
Blattsalate putzen, zerpflücken, waschen und gut abtropfen lassen. Gemüse putzen, schälen und in Scheiben schneiden. Gemüsescheiben in dünne Streifen schneiden.
Für die Sauce Orangen- und Zitronensaft, 1 TL Honig, Öl und Kräuter gut verrühren, mit Salz und Pfeffer abschmecken. Gemüse und Salate mit je einer Hälfte der Orangensauce beträufeln und gut vermischen.
Teller mit Salatblättern belegen, das Gemüse darauf anrichten und frisch servieren.

*Tipp:*
Zur Verzierung können Sie ein paar rote Pfefferkörner über den Salat streuen.

## Rucolasalat

*Zutaten:*
100 g Cocktailtomaten
2 Bündel Rucola (Rauke)
50 g Parmesan
2 EL Balsamico- oder Sherryessig
4 EL Olivenöl
Pfeffer
Salz

*Zubereitung:*
Salat waschen und gut abtropfen lassen. Cocktailtomaten waschen, eventuell Stielansatz entfernen. Salat auf Tellern anrichten und mit den Tomaten garnieren. Für die Sauce Balsamico- oder Sherryessig mit Pfeffer, Salz und Olivenöl anrühren und vor dem Servieren über den Salat gießen. Mit fein gehobeltem Parmesan überstreuen.

## Spinatsalat mit Knoblauchdressing

*Zutaten:*
160 g Spinat
1 Apfel
20 g Cashewnüsse
80 g Joghurt
4 EL Zitronensaft
4 TL Obstessig
4 TL Traubenkernöl
8 g Honig
4 Knoblauchzehen
frisch gehackte Salatkräuter
Pfeffer, Salz

*Zubereitung:*
Joghurt, Zitronensaft, Obstessig, Traubenkernöl, Honig, fein gehackte Knoblauchzehen, Kräuter, Pfeffer und Salz zu einem Dressing verrühren. Spinat waschen, Stiele mit den Fäden nach hinten abziehen. Apfel waschen, Kerngehäuse entfernen. Spinat und Apfel in feine Streifen schneiden und mit dem Dressing vermengen. Mit gehackten Cashewnüssen garniert servieren.

## Orangen-Fenchel-Snack

*Zutaten:*
480 g Fenchel
4 TL Zitronensaft
200 g Orangen
Pfeffer, gemahlener Koriander
Salz
4 TL Traubenkernöl

*Zubereitung:*
Fenchel in sehr feine Scheiben schneiden oder raspeln und mit Zitronensaft beträufeln. Orangen schälen, in dünne Scheiben schneiden und untermengen. Mit Pfeffer, Koriander und Salz abschmecken; etwas ziehen lassen; Traubenkernöl dazugeben und servieren.

## Erfrischender Sommersnack

*Zutaten:*
80 g Lauch
160 g Rettich

160 g Gurke
200 g Apfel
40 g saure Sahne
4 TL Zitronensaft
4 TL Senf
gehackter Dill
gehackte Zitronenmelisse
Pfeffer
Salz

*Zubereitung:*
Lauchstangen halbieren und quer zur Faser in feine Streifen schneiden, Rettich, Gurke und Apfel gut waschen und grob raspeln. Gemüse in einer Schüssel vermischen und mit einer Sauce aus saurer Sahne, Zitronensaft, Senf, Dill, Zitronenmelisse, Pfeffer und Salz anrichten.

## Sojasprossensalat

*Zutaten:*
240 g Sojasprossen
160 g Gurke
160 g Möhren
120 g Lauch
120 g saure Sahne
4 EL Zitronensaft
4 TL klein geschnittener Schnittlauch
4 TL Obstessig
1 Apfel (ca. 100 g)
40 g frischer Meerrettich
4 TL Honig
Pfeffer
Salz

*Zubereitung:*
Sojasprossen kurz abspülen. Gurke, Möhren, Lauch waschen, gegebenenfalls schälen und in feinste Streifen schneiden. Gemüse vermischen. Saure Sahne, Zitronensaft, klein geschnittenen Schnittlauch und Obstessig in einer Schüssel sehr sorgfältig verrühren. Gewaschenen Apfel und Meerrettich dazureiben. Sauce mit Honig, Pfeffer und Salz abschmecken; Gemüsefrischkost damit marinieren.

## Gurkensalat

*Zutaten:*
1 Salatgurke
120 g Kresse
4 EL gehackte Radieschen
gehackte Petersilie
4 EL leichtes Salatdressing

*Zubereitung:*
Gurke waschen, schälen und in feine Scheiben schneiden oder auf einer Reibe grob raspeln. Gewaschene Kresse auf Teller legen, Gurke darauf anrichten. Petersilie und Radieschen waschen, putzen, klein hacken und über die Gurkenscheiben streuen. Salat mit je 1 EL Salatdressing anrichten.

*Tipp:*
Besonders gut eignet sich ein leichtes Joghurtdressing. Die Zubereitung für einen vielseitigen Joghurt-Dip finden Sie hier im Buch unter „Tipps und Dips für Ihre Rohkostplatte“.

## Naturreis-Salat mit Huhn

*Zutaten:*
160 g Naturreis
200 g gebratene Hühnerbrust
4 Stangensellerie, 4 kleine Tomaten
40 g Rosinen
4 EL Maiskörner
1 grüne Paprikaschote
4 EL leichte Mayonnaise
4 EL Zitronensaft
Curry nach Belieben
Pfeffer
8 Salatblätter (Kopf- oder Endiviensalat)

*Zubereitung:*
Reis waschen und in einem großen Topf bei mittlerer Hitze etwa 60 Minuten in der doppelten Menge Wasser quellen lassen. Reis mit kaltem Wasser abspülen. Gemüse waschen, putzen und klein schneiden. Gebratene Hühnerbrust klein schneiden (in Würfel oder Streifen). Alle Zutaten gut vermischen. Je 2 Salatblätter auf einen Teller legen und Reissalat darauf anrichten.

## California Salad

*Zutaten:*
1 Kopfsalat (ca. 300 g)
200 g Orangen
4 Scheiben Hawaii-Ananas
50 g Orangensaft
20 g Zitronensaft
10 g Walnussöl

20 g Crème fraîche
20 g gehackte Walnüsse
Pfeffer
Salz

*Zubereitung:*
Salat putzen, waschen und in mundgerechte Stücke zupfen. Orangen schälen, Fruchtfleisch stückeln und mit dem Salat mischen. Orangensaft mit Zitronensaft, Walnussöl und Crème fraîche anrühren, abschmecken und vorsichtig unter den Salat heben. Je eine Scheibe Ananas auf einen Teller legen, Salat darauf anrichten und mit gehackten Walnüssen bestreut servieren.

*Tipp:*
Sie können den Salat auch mit Pfefferminzblättchen garnieren.

## Erfrischende Chinakohlrohkost

*Zutaten:*
400 g Chinakohl
400 g Äpfel
300 g Stangensellerie
200 g Magerjoghurt
Saft von 1 Zitrone
Salz, Pfeffer
etwas Apfelsüße (= Apfeldicksaft; aus dem Reformhaus)

*Zubereitung:*
Chinakohl, Sellerie und Äpfel waschen. Äpfel vom Kerngehäuse befreien, ungeschält würfelig schnei-

den und mit Zitronensaft beträufeln, damit sie sich nicht verfärben. Sellerie und Chinakohl in dünne Streifen schneiden. Äpfel mit dem Gemüse vermischen. Joghurt mit restlichem Zitronensaft zu einem Dressing verrühren, mit Gewürzen und Apfelsüße abschmecken und unter den Chinakohlsalat rühren.

*Tipp:*
Chinakohl ist reich an Folsäure, Vitamin C und Ballaststoffen. Achten Sie beim Einkauf auf möglichst dicht geschlossene Köpfe und intakte, unverfärbte Blätter.
Bei Chinakohl eignet sich der obere Teil einer großen Staude gut für Salat, der untere, feste Teil als Gemüse (gekocht oder gedünstet).

## Salat aus Tomaten und Brokkoli

*Zutaten:*
800 g Brokkoli
300 g Tomaten
100 g Gorgonzola
250 g Magerjoghurt
Salatblätter (Kopfsalat),
Schnittlauch
Essig
Salz

*Zubereitung:*
Brokkoli waschen, putzen, in einzelne Röschen zerteilen und in siedendem, leicht gesalzenem Wasser bissfest garen. Tomaten und Salat waschen und abtropfen lassen. Tomaten vom Stielansatz befreien, achteln, mit den abgetropften Brokkoli-Röschen

mischen und auf den Salatblättern anrichten. Gorgonzola mit einer Gabel zerdrücken, mit Magerjoghurt, Salz, ein wenig Essig und fein geschnittenem Schnittlauch vermengen und über den Salat gießen.

*Tipp:*
Sie können den Salat zur Abwechslung auch mit Romanesco statt mit Brokkoli anrichten. Romanesco ist eine blumenkohlähnliche Neuzüchtung, die von August bis Anfang November erhältlich ist und einen hohen Vitamin-C-Gehalt besitzt. Dank der hübschen Röschen ist Romanesco in Salaten besonders dekorativ.

## Brokkolisalat mit gebratenen Putenwürfeln

*Zutaten:*
800 g Brokkoli
200 g Putenschnitzel
1 Zwiebel
4 EL Walnussöl
2 EL Weinessig
8 Walnusskerne
150 g Joghurt
Salz
weißer Pfeffer

*Zubereitung:*
Brokkoli putzen, waschen, abtropfen lassen, in Röschen zerteilen und die langen Stiele in fingerdicke Scheiben schneiden. Stiele in einem Topf gut mit Salzwasser bedeckt 6 Minuten kochen, dann

Brokkoli-Röschen hinzufügen, Topf zudecken und Gemüse weitere 6 Minuten bissfest garen. Brokkoli gut abtropfen und abkühlen lassen. Putenfleisch waschen, trockentupfen und in mittelgroße Würfel schneiden. Zwiebel schälen, würfelig schneiden und in 2 EL heißem Öl anrösten. Putenwürfel hinzufügen und unter ständigem Rühren etwa 4 Minuten rösten, mit 1 Prise Salz und 1 Prise weißem Pfeffer würzen und alles mit dem Brokkoli vermengen. Für die Sauce Joghurt mit Weinessig und restlichem Öl verrühren und unter den Brokkoli-Zwiebel-Putenwürfel-Salat heben. Walnusskerne grob hacken und über das fertige Gericht streuen.

*Tipp:*
Brokkoli ist reich an den Vitaminen A, $B_3$ und C. Ferner enthält er Kalium, Magnesium, Schwefel und Eisen. Frischer Brokkoli hat in unserer Region nur im Winter (etwa November bis März) Saison, Sie können für Ihren Salat notfalls aber auch Tiefkühlkost verwenden.

## Bunter Rohkostteller mit Käse

*Zutaten:*
2 grüne Paprikaschoten
2 rote Paprikaschoten
400 g Stangensellerie
400 g Birne
200 g grüne Erbsen (aus der Dose bzw. tiefgekühlt)
240 g Emmentaler
200 g Hüttenkäse
200 g Magerjoghurt
Schnittlauch

4 große Blätter Kopfsalat
Weinessig
Salz
Pfeffer

*Zubereitung:*
Gemüse und Obst waschen, Birnen und Paprikaschoten entkernen und klein würfeln, Emmentaler und Sellerie in feine Streifen schneiden. Dosenerbsen abtropfen oder Tiefkühlerbsen auftauen lassen und alle Zutaten vermischen. Für die Salatsauce Magerjoghurt, Hüttenkäse, Weinessig und Gewürze verrühren. Salat auf Kopfsalatblättern anrichten, mit der Sauce übergießen und mit feingehacktem Schnittlauch bestreuen.

*Tipp:*
Käse enthält die Vitamine A, $B_2$, $B_6$ und Folsäure sowie eine Reihe von Mineralstoffen. Grundsätzlich gilt: Je härter eine Käsesorte, desto höher ihr Kalzium-Gehalt. Magerkäse ist fettreicheren Varianten vorzuziehen.

## Linsensalat

*Zutaten:*
200 g Linsen
400 g Zwiebeln
400 g Möhren
4 grüne Paprikaschoten
Sojasauce
Weinessig
Pfeffer
Salz

*Zubereitung:*
Linsen über Nacht in Wasser einweichen; am nächsten Tag weich kochen und abtropfen lassen. Möhren waschen, schälen, in fingerdicke Scheiben schneiden und bissfest garen. Paprikaschote entkernen, Zwiebeln schälen und beides klein würfeln. Abgekühlte Linsen mit Möhren und Paprika mischen und mit einer Marinade aus Sojasauce, Weinessig, Pfeffer und Salz übergießen.

*Tipp:*
Linsen sind, wie alle Hülsenfrüchte, reich an Eiweiß, dessen biologische Wertigkeit allerdings nicht überragend ist, weil einige wichtige Aminosäuren fehlen. Dieses Manko kann durch die Kombination mit anderen Gemüse- oder auch mit verschiedenen Getreidesorten ausgeglichen werden.

## Rohkostteller mit Ananas

*Zutaten:*
8 Stück Chicorée
600 g frische Ananas
400 g Möhren
1 rote Paprikaschote (200 g)
600 g Magerjoghurt
40 g Olivenöl
Weinessig
Salz
Paprikapulver (scharf)

*Zubereitung:*
Chicorée halbieren, die Strünke keilförmig heraustrennen und die Blätter in fingerdicke Streifen

schneiden. Möhren schälen, fein raspeln und mit der gewürfelten Ananas vermengen. Paprikaschote waschen, ebenfalls würfeln und mit Chicorée und restlicher Rohkost mischen. Aus Magerjoghurt, Olivenöl, Weinessig, Salz und Paprikapulver eine Sauce anrühren und über den Rohkostteller gießen.

*Tipp:*
Sie können das fertige Gericht mit gehackten Walnüssen oder Pfefferminzblättchen bestreuen.
Chicorée enthält Folsäure und Vitamin A sowie die Mineralstoffe Eisen und Kupfer. Ferner wirkt er anregend auf Magen und Galle.
Ananas verbessert die Eiweißverdauung und ist hilfreich beim Kampf gegen Zellulitis und Fettpölsterchen.

## Rohkostteller mit Kohlrabi

*Zutaten:*
700 g Kohlrabi
2 EL Zitronensaft
1 Stangensellerie
1 großer Apfel
150 g Magerjoghurt
2 TL Melasse
1 EL gehackte Pimpinelle oder Schnittlauch
Salz
weißer Pfeffer

*Zubereitung:*
Kohlrabi schälen, waschen, abtropfen lassen, auf einer Reibe grob raspeln und mit Zitronensaft ver-

mengen. Stangensellerie von den Enden befreien, Haut abziehen, waschen und die Stange in dünne Scheiben schneiden. Apfel schälen, vom Kerngehäuse befreien, achteln und in Scheiben schneiden. Für die Salatsauce Magerjoghurt mit Melasse, 1 Prise Salz und 1 Prise weißem Pfeffer verrühren und unter die Rohkost aus Apfel, Selleriescheiben und Kohlrabiraspeln mischen. Schnittlauch oder Pimpinelle fein hacken und über den Rohkostteller streuen.

*Tipp:*
Verwenden Sie einen leicht säuerlichen Apfel. Kohlrabi enthalten Vitamin C, Ballaststoffe, Magnesium, Kalium und Eisen. Vor allem die Kohlrabiblätter sind reich an Kupfer und anderen wichtigen Vitalstoffen. Mischen Sie daher immer ein paar zarte, grüne Innenblätter, klein geschnitten, unter Ihren Salat.

## Salat von Blattspinat und Orangen

*Zutaten:*
400 g junge Spinatblätter
2 Orangen, 1 Apfel
150 g Magerjoghurt
1 EL Walnussöl
1/2 TL Ingwersirup
4 EL grob geraspelter Topinambur
Salz

*Zubereitung:*
Spinatblätter waschen, gut abtropfen lassen, verlesen, Stiele entfernen und in mundgerechte Stücke

zupfen oder schneiden. 1 Orange schälen, wenn nötig entkernen und filetieren. Die andere Orange auspressen und die dünn abgeschälte Schale in feine Stifte schneiden. Apfel schälen, vom Kerngehäuse befreien, vierteln und in feine Scheiben schneiden. Spinatblätter mit Früchten vermengen. Für die Sauce den frisch gepressten Orangensaft mit Magerjoghurt, Walnussöl, 1 Msp. Salz und Ingwersirup vermengen und vorsichtig unter den Salat heben. Topinambur schälen, waschen, grob raspeln und mit den Stiften der Orangenschale über den fertigen Salat streuen.

*Tipp:*
Topinambur, die Knolle einer Sonnenblumenart, ist reich an Ballaststoffen, Kalium, Magnesium, Eisen und Vitamin $B_1$. Sie sollten beim Einkauf darauf achten, möglichst kleine Knollen zu wählen und diese möglichst am selben Tag zu verbrauchen, da Topinambur nur schwer zu lagern ist.
Kaufen Sie für Ihren Salat unbehandelte Orangen, damit Sie die Orangenschale bedenkenlos verwerten können.

## Chicorée-Salat

*Zutaten:*
4 Stück Chicorée
1 Orange
2 Eier
6 EL Magerjoghurt
2 EL Crème fraîche
6 EL Kresseblättchen
Salz, edelsüßes Paprikapulver

*Zubereitung:*
Chicorée gut waschen, abtropfen lassen, die äußeren Blätter entfernen, halbieren, die Strünke keilförmig herausschneiden und den Rest in fingerdicke Streifen schneiden. Eier hart kochen, abschrecken, schälen und würfelig schneiden. Orangen schälen, entkernen und filetieren. Für die Sauce Magerjoghurt mit Crème fraîche, 1 Msp. Salz und 1 Msp. Paprikapulver anrühren und mit Chicorée, Eiern und Orangenstücken vermengen. Fertigen Salat mit Kresseblättchen garnieren.

*Tipp:*
Eine besondere Note erhält der Chicorée-Salat, wenn Sie ihn mit einigen Walnusskernen bestreuen. Chicorée hat im Winter Saison und eignet sich gut als Rohkost oder Beilagen-Salat in den kalten Monaten. Er ist reich an Vitamin A sowie Folsäure und enthält außerdem Magnesium, Calcium, Eisen und jede Menge Ballaststoffe.

## Nudelsalat mit Käse und Mais

*Zutaten:*
540 g gegarte Vollkornnudeln (z. B. Hörnchen oder Spiralen)
400 g Maiskörner
30 g magerer Schnittkäse (im Ganzen)
2 EL Tofunnaise (aus dem Reformhaus)
150 g Magerjoghurt
1 EL Tomatenmark
2 EL Tomatensaft
1 große Knoblauchzehe
Paprikapulver, Salz

*Zubereitung:*
Schnittkäse würfeln und mit fertig gegarten Vollkornteigwaren und Maiskörnern vermengen. Für die Sauce Tofunnaise mit Magerjoghurt, Tomatenmark, Tomatensaft, der zerdrückten Knoblauchzehe und Gewürzen im Mixer pürieren und mit dem Nudelsalat gut verrühren.

*Tipp:*
Ein magerer Käse sollte nie mehr als 30 Prozent Fettanteil in der Trockenmasse haben. Den Käse können Sie durch Putenbruststreifen ersetzen.

## Rohkostteller aus Möhren und Äpfeln

*Zutaten:*
600 g Möhren
400 g Äpfel
Zitronensaft
20 g Walnussöl
20 g gehackte Walnüsse

*Zubereitung:*
Möhren putzen, schälen und auf einer Reibe grob raspeln. Äpfel waschen, vom Kerngehäuse befreien und ebenfalls reiben. Rohkost vermengen und Zitronensaft und Walnussöl hinzufügen und vermischen. Feingehackte Walnüsse in einer beschichteten Pfanne ohne Fett hellbraun anrösten und über den Rohkostteller streuen.

*Tipp:*
Nüsse enthalten die Vitamine E und H (Biotin) sowie verschiedene Vitamine der B-Gruppe. Außer-

dem sind sie reich an Magnesium, Kalium, Eisen und vielen anderen Mineralstoffen. Für Esser, die auf die Linie achten, ist einzig ihr hoher Fettgehalt bedenklich.

## Apfel-Sellerie-Salat

*Zutaten:*
3 Äpfel (nicht zu süß)
100 g geputzte Sellerieknolle
Saft von 1/2 Zitrone
1/2 Tasse Sahne
1 TL Senf
Petersilie
Kräutersalz

*Zubereitung:*
Die Äpfel möglichst ungeschält auf einer groben Reibe bis zum Kerngehäuse abreiben. Sellerie fein reiben. Beides mit Zitronensaft beträufeln. Sahne, Senf, und etwa 1 gestrichenen TL Kräutersalz miteinander verquirlen, über die Rohkost gießen und gut mischen. Fein gehackte Petersilie untermengen. Mit Petersilie garniert servieren.

## Erfrischender Möhrensalat

*Zutaten:*
300 g Möhren
300 g Äpfel
1 Becher Joghurt
2 TL Öl
2 TL Honig

30 g geschälte Walnüsse
2 TL Zitronen- oder Limettensaft

*Zubereitung:*
Möhren putzen und waschen, vierteln und das Kerngehäuse entfernen. Möhren und Apfelviertel mit der Küchenmaschine oder einer groben Reibe raspeln. Joghurt mit Öl und Honig verrühren und die Hälfte dieser Sauce unter den Salat mischen. Walnusskerne grob reiben und unterheben. Je nach Geschmack mit Zitronen- oder Limettensaft abschmecken. Restliche Sauce auf die Rohkost gießen und mit Walnusskernen garnieren.

## Rotkohlsalat

*Zutaten:*
1 Tasse Obstessig
Kochsalz
1 kleiner Kopf Rotkohl (etwa 500 g)
1 Apfel
1 Zwiebel
2 EL Öl
2 TL Honig
Kräutersalz
1 TL gemahlener Kümmel
1 Msp. gemahlene Gewürznelken
eventuell etwas Zitronensaft
frische Kräuter nach Wahl

*Zubereitung:*
1 l Wasser mit Essig vermischen und mit einem gestrichenen TL Kochsalz in einem großen Topf zum Kochen bringen. Die äußeren Blätter des

Rotkohls ablösen, den Kopf vierteln und den Strunk entfernen. Apfel halbieren, Kerngehäuse entfernen; Zwiebel schälen. Kohlviertel, Apfel und Zwiebel in dünne Scheiben schneiden, in dem kochenden Essigwasser blanchieren und auf einem Sieb etwas abtropfen lassen. Gemüse in eine Schüssel geben, mit Öl, Honig, Salz und Kümmel vermengen. Eventuell mit Zitronensaft abschmecken. Mit fein gehackten Kräutern bestreuen.

*Tipp:*
Der Salat kann auch warm serviert werden. Hierzu können Sie Vollkorn- oder Graubrot servieren.

## Chinakohlsalat

*Zutaten:*
400 g Chinakohl (etwa 1 Kopf)
1 EL Öl
3 EL Sahne
Saft von etwa 1/2 Zitrone
1–2 TL Kräutersalz
1 Msp. fertige Gewürzmischung (Reformhaus)
frische Kräuter nach Wahl

*Zubereitung:*
Chinakohlblätter gut waschen, abtropfen lassen und fein schneiden. Öl, Sahne, Zitronensaft, Kräutersalz und Gewürzmischung miteinander verquirlen, über den Chinakohl gießen und gut mischen. Mit noch etwas Zitronensaft und Kräutersalz abschmecken. Einen Teil der fein gehackten Kräuter untermengen und den Rest zum Garnieren verwenden.

*Tipp:*
Bei Chinakohl eignet sich der obere Teil einer großen Staude gut für Salat, der untere, feste Teil als Gemüse (gekocht oder gedünstet).

## Fenchel-Apfel-Salat
(nach Hildegard von Bingen)

*Zutaten:*
1/2 Tasse Tofunnaise (falls nicht vorhanden, können Sie auch normale Mayonnaise verwenden)
2 EL Zitronensaft
2 TL Galgant (aus dem Reformhaus)
etwas Salz
1 Prise brauner Zucker
1 TL Senf
1 Fenchel, geschnitten
2 Äpfel, in Scheiben geschnitten
1 Orange, geschält und in Scheiben geschnitten
1/2 Kopfsalat

*Zubereitung:*
Tofunnaise, Zitronensaft, Gewürze und Senf mixen, über Fenchel-, Apfel- und Orangenscheiben gießen. Etwa 20 Minuten ziehen lassen, eventuell nachwürzen und auf Salatblättern servieren.

## Zucchinisalat

*Zutaten:*
500 g Zucchini
2 Schalotten
1 EL Olivenöl

125 ml Gemüsebrühe
1 TL Estragonessig
bunte Pfefferkörner
1 Kästchen Kresse
Salz
Knoblauch

*Zubereitung:*
Zucchini waschen und in Scheiben schneiden. Mit den geschnittenen Schalotten in Öl 2–3 Minuten andünsten und mit der Gemüsebrühe ablöschen. Mit Estragonessig abschmecken und abkühlen lassen. Mit Salz und Knoblauch würzen. Bevor Sie den Zucchinisalat servieren, garnieren Sie ihn noch mit der gewaschenen Kresse und mit den Pfefferkörnern.

## Mimosa-Salat

*Zutaten:*
2 Eier
12 Blätter Kopfsalat
8 Radicchioblätter
gehackte Petersilie
4 EL leichtes Salatdressing nach eigener Wahl

*Zubereitung:*
Salat waschen und klein schneiden, Eier etwa 7 Minuten in kochendem Wasser hart kochen, abschrecken, schälen und fein hacken. Salat- und Radicchioblätter auf Tellern anrichten, gehacktes Ei jeweils in die Mitte legen, alles mit Petersilie bestreuen und je 1 EL leichtes Dressing über den Mimosa-Salat gießen.

## Italienischer Salat mit Mozzarella

*Zutaten:*
2 grüne Paprikaschoten
4 kleine Tomaten
2 kleine Zucchini
200 g Mozzarella
120 g Salatgurke
frisch gehacktes Basilikum
1 Bund Schnittlauch

*Zutaten für die Sauce:*
4 EL Olivenöl
8 EL Zitronensaft
1 gehackte Knoblauchzehe
Pfeffer

*Zubereitung:*
Gemüse gründlich waschen. Paprikaschoten in feine Streifen schneiden. Mozzarella, Tomaten und Zucchini (mit der Schale) in dünne Scheiben schneiden. Gurke schälen und ebenfalls in dünne Scheiben schneiden. Zutaten (mit Basilikum) vermischen und auf Tellern anrichten.
Für das Dressing Öl, Zitronensaft, Knoblauch und Pfeffer mischen. Mozzarella-Salat mit dem Dressing übergießen und zugedeckt etwa 1/2 Stunde im Kühlschrank ziehen lassen. Bevor Sie den Mimosa-Salat servieren, Schnittlauch waschen, klein schneiden und den Salat damit garnieren.

*Tipp:*
Zu diesem Salat können Sie sowohl Vollkorn- als auch Graubrot servieren, je nach persönlicher Vorliebe.

## Kalter Hühnersalat

*Zutaten:*
200g Champignons
800g Chinakohl
400 g gekochtes Hühnerfleisch (ohne Knochen, ohne Haut)
200 g Möhren
200 g Erbsen (aus der Dose)
20 g Öl

*Zutaten für die Sauce:*
200 g Zwiebel
400 g Magerjoghurt
Essig
Zitronensaft
Kümmel
Salz
Pfeffer
Schnittlauch

*Zubereitung:*
Gemüse waschen und putzen. Möhren schälen, in feine Scheiben Schneiden und bissfest garen. Champignons klein und Chinakohl in sehr feine Streifen schneiden, Erbsen gut abtropfen lassen und sämtliche Gemüse vermischen. Das gekochte Hühnerfleisch in kleine Teile schneiden und unter das Gemüse mischen.
Für die Sauce die Zwiebel schälen, fein hacken und mit Magerjoghurt, Öl, Essig, Zitronensaft und den Gewürzen verrühren. Den Salat mit der Sauce anrichten und mit gehacktem Schnittlauch bestreut servieren.

## Griechischer Bauernsalat nach Art der Vollwertküche

*Zutaten:*
120 g Weizenkörner
1 Ei
300 g Chinakohl
300 g Salatgurke
300 g Paprikaschoten
300 g Tomaten
2 Zwiebeln
300g körniger, magerer Frischkäse

*Zutaten für die Sauce:*
Weinessig
Olivenöl
frisch gehackte Kräuter (z. B. Basilikum)
Salz
Pfeffer

*Zubereitung:*
Am Vorabend Weizenkörner in einem Topf mit kaltem Wasser einweichen und über Nacht quellen lassen. Topf erhitzen, Weizen mit dem Einweichwasser etwa 20 Minuten garen, vom Herd nehmen und weitere 45 Minuten quellen lassen.
Ei hart kochen und würfeln. Gemüse waschen, putzen und in Streifen bzw. Scheiben schneiden. Zwiebel schälen und fein hacken. Gemüse mit abgetropften Körnern, Frischkäse und Eiwürfeln vermengen. Aus Weinessig, Olivenöl, etwas Wasser, frisch gehackten Kräutern, Salz, Pfeffer und den gehackten Zwiebeln eine Salatsauce zubereiten, über den Bauernsalat gießen, kurz durchziehen lassen und servieren.

## Vollkorn-Blumenkohl-Salat

*Zutaten:*
500 g Weizenkörner
600 g Blumenkohl
30 g Schnittkäse (im Ganzen)
leichtes Salatdressing nach Belieben
Salz

*Zubereitung:*
Am Vorabend Weizenkörner in einem Topf mit kaltem Wasser einweichen und über Nacht quellen lassen. Topf erhitzen, Weizen mit dem Einweichwasser etwa 20 Minuten garen, vom Herd nehmen und weitere 45 Minuten quellen lassen.
Blumenkohl waschen, putzen, in Röschen zerteilen und in etwas gesalzenem Wasser etwa 10 Minuten bissfest garen, abtropfen und auskühlen lassen. Käse würfeln und mit abgetropften Weizenkörnern, Blumenkohlröschen und Salatdressing zu einem Salat vermengen.

*Tipp:*
Am besten eignen sich Salatsaucen auf Joghurt-Basis (z. B. ein Nuss-Dip, wie Sie ihn im Kapitel „Tipps und Dips für Ihre Rohkostplatte" finden können).

## Vollkorn-Nudelsalat

*Zutaten:*
120 g Schinken
300 g Erbsen
300 g Möhren
540 g gegarte Vollkornnudeln

*Zutaten für die Sauce:*
150 g Magerjoghurt
150 g saure Sahne
4 TL kaltgepresstes Salatöl
1 EL Zitronensaft
2 EL frisch gehackte Kräuter
Salz
Pfeffer

*Zubereitung:*
Schinken in fingerdicke Streifen schneiden. Erbsen waschen; Möhren schälen, von den Enden befreien und kleinwürfelig schneiden. Gemüse mit etwas Wasser bissfest garen und mit gekochten Vollkornnudeln und Schinkenstreifen vermengen.
Für die Sauce Magerjoghurt, saure Sahne, Öl, Zitronensaft und frisch gehackte Kräuter gut verrühren (auch im Mixer) und mit Salz und Pfeffer abschmecken.
Nudelsalat mit Kräutersauce anrichten.

*Tipp:*
Als Variante können Sie den Nudelsalat auch mit anderen Gemüse- bzw. Obstsorten anrichten. Geeignet sind z. B. Salat- oder Gewürzgurken, Äpfel, Ananas, Birnen oder Mandarinen. Für einen Nudelsalat mit Früchten bereiten Sie die Joghurtsauce ohne Kräutermischung zu.

## Waldorfsalat

*Zutaten:*
300 g Sellerie
200 g Äpfel

2 EL Zitronensaft
1/2 TL Salz
1/8 l Sahne
150 g leichte Salatmayonnaise oder Tofunnaise
1/2–1 TL Zucker
50 g Walnusskerne

*Zubereitung:*
Sellerie schälen, waschen und in feine Stifte schneiden. Äpfel ebenfalls schälen, vom Kerngehäuse befreien und in schmale Streifen schneiden. Gemüse vermengen, mit Zitronensaft beträufeln, salzen und ca. 1 Stunde im Kühlschrank gut ziehen lassen. Für die Sauce Walnusskerne fein hacken, mit leichter Mayo- bzw. Tofunnaise, Sahne und Zucker verrühren und unter den Salat heben.

*Tipp:*
Verwenden Sie leicht säuerliche Äpfel. Sie können den fertigen Waldorfsalat mit einigen Mandarinenscheiben hübsch garnieren.
Wenn Ihnen die Salatsauce zu dickflüssig gerät, können Sie sie mit 1 EL Mineralwasser strecken.

# Tipps und Dips für Ihre Rohkostplatte

Zucchini, Gurken, Tomatenscheiben, Möhren, Paprika, Rettich, Blumenkohlröschen, Champignons, Selleriestangen, Jungzwiebeln, Kohlrabi, Radieschen – das alles sind Gemüsesorten, die sich vorzüglich für eine Rohkostplatte eignen. Ob als Snack zwischendurch oder als Aufputz für Ihr kaltes Buffet, ob als Vorspeise oder als leichtes Abendessen – eine Rohkostplatte ist immer eine gute Idee. Das frische Gemüse sollte geputzt, kurz gewaschen und so dünn wie möglich geschält werden, um den größtmöglichen Anteil an Mineralstoffen und Vitaminen zu erhalten. Außerdem schenkt Ihnen Ihre Rohkostplatte jede Menge Ballaststoffe und gut verwertbares Wasser. Schneiden Sie das Gemüse in feine Streifen und gruppieren Sie es, eventuell auf ein paar Salatblättern, um den jeweiligen Dip. Das schaut nicht nur gut aus, das schmeckt auch so.

*Tipp:*
Auch Apfelspalten passen auf Ihre Rohkostplatte.

## Hüttenkäse-Kresse-Dip

*Zutaten:*
2 Pkg. Hüttenkäse (à 125 g)
1/8 l saure Sahne
1 Kästchen Gartenkresse
Salz, Pfeffer
1 TL Essig
1 TL Öl

*Zubereitung:*
Hüttenkäse, saure Sahne, Essig und Öl mit einem Stabmixer gut mixen. Kresse von den Stielen

schneiden und untermengen. Dip mit Salz und Pfeffer würzen.

## Schnittlauch-Meerrettich-Dip

*Zutaten:*
1/4 l Joghurt
4 EL Tofunnaise (aus dem Reformhaus)
1 EL geschabter Meerrettich
2 Bund Schnittlauch
Salz
Pfeffer
Essig

*Zubereitung:*
Schnittlauch waschen und fein schneiden. Tofunnaise und Joghurt verrühren und mit Salz, Pfeffer und einem Spritzer Essig würzen. Schnittlauch und geschabten Meerrettich untermengen.

## Avocado-Bananen-Dip

*Zutaten:*
1/4 l saure Sahne
1 reife Avocado
1 kleine Banane
Saft von 1 Zitrone
1 Bund Schnittlauch
Salz, Pfeffer

*Zubereitung:*
Avocado bis zum Kern einschneiden, die Hälften verdrehen und eine Hälfte abheben. Kern heraus-

lösen. Fruchtfleisch mit einem Löffel aus der Schale lösen, durch ein Sieb streichen und mit der Hälfte des Zitronensaftes vermischen.
Avocadopüree mit saurer Sahne vermengen, mit Salz und Pfeffer würzen. Banane schälen, kleinwürfelig schneiden und mit dem restlichen Zitronensaft vermischen. Schnittlauch waschen und fein schneiden. Sauce mit den Bananenstücken verrühren und mit Schnittlauch bestreut servieren.

## Basis für vielseitigen Joghurt-Dip

*Zutaten:*
150 g Magerjoghurt
1 EL kaltgepresstes Öl nach Wahl
1 EL Zitronensaft
Salz
Pfeffer

*Zubereitung:*
Für den Basis-Dip alle Zutaten mit einem Schneebesen gut verrühren.

*Tipp:*
Joghurt-Dips passen zu Rohkost und Salat, aber auch zu warmen Gemüsegerichten wie zum Beispiel Ofen-Kartoffeln. Der Geschmack ändert sich bereits, wenn Sie Kräuter-, Apfel- oder Weinessig statt Zitronensaft verwenden, und ist natürlich auch von der jeweils gewählten Öl-Sorte abhängig (z. B. Nussöl oder Olivenöl).
Um unterschiedliche Variationen zu erhalten können Sie verschiedene Gewürze wie Paprikapulver, frisch geriebenen Meerrettich oder zerdrückte

Knoblauchzehen untermengen. Gut geeignet sind natürlich auch frisch gehackte Kräuter. Für ausgefallenere Dips wählen Sie eine passierte Mango oder Papaya mit Pfeffer und Curry.

## Joghurt-Bananen-Dip

*Zutaten:*
160 g Banane
120 g Joghurt
Ingwer
Curry
8 EL Orangensaft
4 EL Zitronensaft
4 TL Traubenkernöl

*Zubereitung:*
Banane schälen und zerkleinern, im Mixer mit Joghurt, Curry, frisch geriebenem Ingwer, Öl, Zitronen- und Orangensaft zu einer Sauce mixen. Gekühlt servieren.

## Nuss-Dip

*Zutaten:*
150 g Magerjoghurt
150 g saure Sahne
75 g geriebene Haselnüsse
1–2 EL Zitronensaft, Salz

*Zubereitung:*
Alle Zutaten in einen Mixer füllen und gut durchmixen.

## Käse-Dip

*Zutaten:*
100 g Edelpilzkäse
150 ml Magermilch
150 g Magerjoghurt
1–2 EL Weinessig

*Zubereitung:*
Käse stückeln. Milch erwärmen und Käse darin bei schwacher Hitze und unter ständigem Rühren schmelzen. Vom Herd nehmen, mit Joghurt verrühren und Käsesauce mit Weinessig abschmecken.

# Kalte und warme Snacks

## Orangen-Leinsamen-Quark

*Zutaten:*
4 Orangen
500 g magerer Quark
4 EL Leinsamen
4 TL Preiselbeermarmelade

*Zubereitung:*
Orangen schälen, schneiden und mit den Zutaten im Quark vermengen.

## Exotic-Frischkorn

*Zutaten:*
60 g geschroteter Weizen
2 Mangos
2 Kiwis
4 Bananen
etwas Honig

*Zubereitung:*
Weizenschrot mit knapp einer halben Tasse Wasser verrühren, über Nacht zugedeckt im Kühlschrank stehen lassen. Früchte stückeln und in den Brei rühren.

## Vollkornbrote mit Käse-Gurken-Tatar

*Zutaten:*
240 g kleiner Harzer
240 g Delikatessgurken
1 Zwiebel

2 kleine Dosen Maiskörner
frisch gemahlener Pfeffer
8 Scheiben Vollkornbrot
Butter oder Margarine

*Zubereitung:*
Käse, Zwiebel und Delikatessgurken kleinwürfelig schneiden, mischen und auf den gebutterten Broten verteilen. Pro Person zwei Vollkornbrotscheiben mit Käse-Gurken-Tatar servieren, eventuell mit einigen Blättern Kopfsalat garnieren.

## Italienischer Snack

*Zutaten:*
2 Bund Basilikum
1 Bund Petersilie
Saft von 2 Zitronen
schwarzer Pfeffer
Kräutersalz
2 Stück Mozzarella
4 feste Tomaten
8 Scheiben Vollkornbrot
Butter oder Margarine

*Zubereitung:*
Für die Marinade Kräuter fein hacken und mit Zitronensaft, Pfeffer und Kräutersalz vermengen. Mozzarella in kleine Würfel schneiden und in der Marinade ziehen lassen. Tomaten in Scheiben schneiden und auf die gebutterten Brote legen. Kräuterkäsewürfel darüber streuen. Servieren Sie pro Person 2 Scheiben Vollkornbrot oder 1 Stück Korngebäck.

## Brokkoli-Birnen-Baguette

*Zutaten:*
2 kleine Baguettes
200 g Brokkoli
2 Birnen
100 g Emmentaler
4 EL Mischkräuter
Salz, Pfeffer

*Zubereitung:*
Brokkoli waschen, putzen und in Röschen zerpflücken, bissfest kochen und abseihen. Birnen schälen, entkernen, in mittelgroße Stücke schneiden und mit Zitronensaft beträufeln. Backrohr auf Grillstellung vorheizen.
Baguettes buttern, mit Brokkoliröschen und Birnenstücken belegen, mit Kräutern und geriebenem Käse bestreuen. 10 Minuten überbacken.

## Kresse-Miso-Brotaufstrich

*Zutaten:*
1 Bund frische Wasserkresse
1/2 Tasse feingehackte Schalotten oder Lauch
1 TL Sesamöl
2 TL Miso

*Zubereitung:*
Schalotten bzw. Lauch andünsten. Miso in etwas Wasser anrühren und zu dem Gemüse geben. Wasserkresse hacken, dazugeben und alles 2–5 Minuten kochen. Mit getoastetem Schwarzbrot servieren.

*Tipp:*
Der intensive Eigengeschmack des Miso kommt als Brotaufstrich speziell zum Tragen. Das ist nicht jedermanns Sache. Als Variante können Sie 1–2 TL Sesambutter (Tahin) unter den Aufstrich rühren.

## Fruchtiger Avocado-Snack

*Zutaten:*
240 g Avocado
240 g Tofu
320 g Ananas
4 Kiwis
240 g Orangen
160 g entspelzte Gerste
4 TL Honig
40 g gehackte Mandeln
4 Tassen frisch gepresster Orangensaft
4 TL Zitronensaft
Pfeffer

*Zubereitung:*
Gerste in etwas Wasser weich garen. Obst schälen und würfeln, mit Orangen- und Zitronensaft marinieren. Obst mit der noch warmen Gerste und den Mandeln vermengen. Avocado halbieren, Fruchtfleisch würfelig schneiden, mit Honig und gewürfeltem Tofu mischen. Sämtliche Zutaten in einer Schüssel verrühren, mit Pfeffer abschmecken.

*Tipp:*
Avocados enthalten verschiedene Vitamine des B-Komplexes sowie die Vitamine C, E und Folsäure. Ferner sind sie reich an Magnesium, Kalium, Eisen

und Kupfer. Sie können beim Einkauf erkennen, ob die Frucht reif ist, indem Sie versuchen, sie am Stielende mit den Fingern leicht einzudrücken. Es empfiehlt sich, zu harte, unreife Avocados bei Zimmertemperatur ca. 3 Tage nachreifen zu lassen. Wenn Sie abnehmen wollen, sollten Sie den Fettgehalt der Avocado nicht unterschätzen.

## Kräuterquark-Aufstrich

*Zutaten:*
500 g Magerquark
12 EL saure Sahne
2 TL frischer Thymian
2 TL frisches Basilikum
2 TL frisches Kerbelkraut
4 EL kaltgepresstes Sonnenblumenöl
Salz

*Zubereitung:*
Thymian, Kerbelkraut und Basilikum waschen, fein hacken und mit den übrigen Zutaten zu einem glatten Aufstrich verrühren. Mit Vollkornbrot servieren.

## Grapefruit mit Lachs

*Zutaten:*
2 Grapefruits (jeweils 1/2 pro Person)
320 g geputzter Lachs
4 EL Magerquark
4 Stangensellerie
8 EL Zitronensaft

4 TL Senf
12 Salatblätter (Kopfsalat)
120 g Naturreis
gehackte Petersilie

*Zubereitung:*
Reis waschen und in einem großen Topf etwa 1 Stunde bei mittlerer Hitze in der doppelten Menge Wasser quellen lassen. Grapefruits halbieren, Fruchtfleisch herauslösen und stückeln, Kerne entfernen, Schale zur Seite stellen. Sellerie putzen, waschen und klein schneiden. Klein geschnittenen Lachs mit Sellerie, Zitronensaft und Senf mischen, abgekühlten Reis und Grapefruit-Fruchtfleisch ebenfalls vorsichtig dazurühren. Lachssalat in die leeren Grapefruitschalen füllen, Salatblätter auf Tellern drapieren, Grapefruithälften darauf anrichten und mit gehackter Petersilie bestreut servieren.

*Tipp:*
1 Portion Grapefruit mit Lachs ist weit mehr als eine kleine Zwischenmahlzeit und eignet sich ideal als Abendessen. Frisch enthält der Snack Vitamine D, $B_1$, $B_2$ und $B_6$ sowie reichlich Magnesium, Kalium, Eisen, Kupfer und Zink.

## Vitamin-Aufstrich

*Zutaten:*
300 g Möhren
200 g Sellerie
4 EL Sahne oder saure Sahne
4 TL Hefeflocken
2 TL Sojasauce (vorzugsweise Tamari)

10 g Butter
Salz

*Zubereitung:*
Gemüse schälen und klein schneiden, im Dampfkochtopf weich garen, auskühlen lassen und mit allen Zutaten im Mixer zu einem cremigen Aufstrich pürieren.

*Tipp:*
Dieser schmackhafte Aufstrich sollte stets frisch gemacht werden, er lässt sich aber auch kurzfristig im Kühlschrank aufbewahren.

## Pikanter Quarkaufstrich mit Gemüse

*Zutaten:*
40 g Zwiebel
8 g Schnittlauch
120 g Rettich
120 g Gurke
480 g Magerquark
8 EL Milch
4 EL Traubenkernöl
40 g Sojasprossen
4 Knoblauchzehen
Pfeffer, Salz

*Zubereitung:*
Zwiebel und Schnittlauch fein hacken. Rettich und Gurke raspeln. Quark mit Milch und Öl verrühren; Zwiebel, Schnittlauch, Rettich, Gurke, Sojasprossen und zerdrückten Knoblauch dazurühren. Mit Pfeffer und Salz abschmecken.

*Tipp:*
Der Aufstrich passt gut zu Vollkornbroten, die Sie danach noch mit Tomatenscheiben garnieren können.

## Birnen-Gorgonzola-Snack

*Zutaten:*
4 frische Birnen
120 g Gorgonzola
160 g Magerquark

*Zubereitung:*
Birnen gut waschen, Kerngehäuse entfernen und Fruchtfleisch würfeln. Gorgonzola mit der Gabel zerdrücken und zusammen mit den Birnenstücken unter den Quark mischen.

*Tipp:*
Reichen Sie zu diesem Snack ein würziges Vollkornbrot, das unterstreicht den fruchtig-herben Geschmack.

## Quarkaufstrich mit Distelöl

*Zutaten:*
400 g Magerquark
8 EL Vorzugsmilch
8 EL Distelöl, Salz

*Zubereitung:*
Quark, Milch und Öl mit einem Mixer gut verrühren und anschließend etwas salzen.

*Tipp:*
Sie könnnen den Geschmack variieren, indem Sie den Aufstrich mit verschiedenen Ölsorten zubereiten.
Der Aufstrich schmeckt besonders gut auf Vollkorn- oder dunklem Sonnenblumenbrot.

## Möhrenquark

*Zutaten:*
4 Möhren
300 g Magerquark
Zitronensaft
Salz
Pfeffer

*Zubereitung:*
Möhren waschen, schälen und fein reiben. Magerquark mit Möhren vermengen und mit Salz, Pfeffer und Zitronensaft abschmecken.

*Tipp:*
Dazu passt Vollkornbrot oder ein Schrot- bzw. Grahambrötchen.

## Toast mit Champignon-Curry

*Zutaten:*
4 Zwiebeln
4 TL Öl
Curry
400 g Champignons
30 g Schnittkäse

Salz
ca. 6 Scheiben Grahambrot

*Zubereitung:*
Zwiebeln schälen, in feine Streifen schneiden, mit reichlich Curry mischen und in heißem Öl goldgelb braten. Champignons waschen, putzen, würfeln, mit den Zwiebeln leicht anschwitzen und salzen. Curry-Gemüse auf geschnittenem Grahambrot verteilen, mit geriebenem Käse bestreuen und im vorgeheizten Backofen bei 200 Grad gratinieren.

*Tipp:*
Um die Kalorienzufuhr in vertretbarem Rahmen zu halten, sollten Sie sich auf etwa 1 1/2 Scheiben überbackenen Toast pro Person beschränken.

## Überbackene Graham-Toasts

*Zutaten:*
2 Möhren
4 Scheiben Grahambrot
Butter
200 g Hüttenkäse
4 Scheiben magerer Schnittkäse
Kresse
Schnittlauch
Paprikapulver
Mühlen-Pfeffer

*Zubereitung:*
Möhren putzen, schälen, kleinwürfelig schneiden und in kochendem Wasser bissfest garen. Grahambrot toasten, mit einer dünnen Schicht Butter

bestreichen und großzügig mit Hüttenkäse, Möhrenwürfeln und gewaschener Kresse belegen. Toasts pfeffern, mit je 1 Scheibe Schnittkäse „zudecken“ und im vorgeheizten Ofen bei etwa 200 Grad überbacken. Fertige Toasts mit Paprikapulver und fein gehacktem Schnittlauch bestreut servieren.

*Tipp:*
Kalorienbewusste Esser verzichten auf die Butterschicht.

# Frisch aus der Gemüseküche

## Buntes Röstgemüse mit Reis

*Zutaten:*
12 Jungzwiebeln (Frühlingszwiebeln)
2 Paprikaschoten
120 g magerer Schinken
4 TL Öl
540 g gegarter Naturreis
Salz, Paprika, Pfeffer

*Zubereitung:*
Jungzwiebeln und Paprikaschoten waschen, putzen, klein schneiden und in heißem Öl anbraten. Schinken kleinwürfelig schneiden und untermengen. Fertig gegarten Naturreis dazugeben und alles gut durchrühren. Röstgemüsepfanne mit Salz, Pfeffer und Paprikapulver abschmecken.

*Tipp:*
Zwiebeln enthalten das Vitamin $B_6$ sowie die Mineralstoffe Zink und Selen. Sie wirken desinfizierend sowie antibakteriell im Verdauungstrakt und fördern die Durchblutung des Körpers.
Als mildere Variante können Sie statt Jungzwiebeln auch Schalotten verwenden.
Vegetarier können den Schinken weglassen oder mit kleinen Würfeln aus mariniertem Tofu ersetzen.

## Fettarme Gemüsequiche

*Zutaten:*
225 g Haferpastete (siehe S. 125)
1 geriebene Möhre

3 kleine Paprika (rot, grün und gelb)
1 große Zwiebel, 50 g Pilze
2–3 Tomaten
30 ml entrahmte Milch
2 Eiweiß
Kräuter, Gewürze

*Zubereitung:*
Zwiebel hacken, Tomaten in Scheiben schneiden, Paprika würfeln. Die entrahmte Milch mit dem Eiweiß zusammen schlagen. (Statt Eiweiß kann auch eine Packung Tofu verwendet werden. Diesen ebenfalls mit der Milch schlagen.) Eine mittelgroße Puddingform leicht einfetten. Den Pastetenteig (siehe unten) ausrollen und die Form damit auslegen. 15 Minuten zugedeckt bei 200 Grad im Rohr backen. Das vorbereitete Gemüse auf der Innenseite der Pastetenform verteilen, die milchige Tofumischung darüber gießen, dann bei 190 Grad ungefähr 1/2 Stunde lang backen lassen, bis die Quiche sich gesetzt hat und gerade braun wird.

*Tipp:*
Wenn Sie das Gericht ohne Käse nicht mögen, dann streuen Sie ein wenig fettarmen geriebenen Hartkäse darüber, bevor Sie es in den Ofen schieben. Eignet sich gut bei erhöhtem Cholesterinspiegel.

## Haferpastete

*Zutaten:*
225 g Hafer
6 EL Soja- oder Erdnussöl

Wasser
1 Prise Salz

*Zubereitung:*
Hafer, Öl und Salz in einer großen Schüssel mischen. Ein wenig Wasser hinzufügen (gerade genug, um einen weichen Teig zu bekommen). Mixtur in eine Puddingform pressen und 20 Minuten in den Kühlschrank stellen.

*Tipp:*
Sie können die Haferpastete für die Zubereitung von fettarmer Gemüsequiche (siehe oben) verwenden oder auch einfach als Pastete verzehren. Sie schmeckt nicht nur köstlich, sondern ist auch sehr arm an gesättigten Fettsäuren, dafür reich an Ballaststoffen.

## Möhrengulasch

*Zutaten:*
1/2 l Gemüsebrühe
750 g Möhren
3 gehäufte EL Weizen
1 TL Kümmel
1 gehäufter EL Sojamehl
1 TL frisches, feingehacktes Basilikum
1 Msp. schwarzer Pfeffer
80 g Sandwichcreme mit Pilzen (aus der Dose)
Petersilie

*Zubereitung:*
Gemüsebrühe zum Kochen bringen. Möhren putzen, waschen, einmal längs durchschneiden und

quer in etwa 1/2 cm breite Stücke teilen. Möhren in die kochende Brühe geben und etwa 10–15 Minuten gar kochen. Weizen mit dem Kümmel mittelfein schroten (Sie können notfalls auch gemahlenen Kümmel verwenden); Sojamehl mit etwas Wasser anrühren. Wenn die Möhren gar sind, den Schrot langsam unter Rühren in den Topf schütten, das angerührte Sojamehl dazugießen und alles vermengen. Noch etwa 1 – 2 Minuten unter gelegentlichem Rühren kochen lassen. Basilikum, Pfeffer und zerkleinerte Sandwichcreme zufügen, Topf zudecken und vom Herd nehmen. 2–3 Minuten ziehen lassen, dann umrühren, fein gehackte Petersilie untermengen und Möhrengulasch servieren.

## Bananengemüse

*Zutaten:*
2 EL Butter
1 mittelgroße Zwiebel
4 Bananen
1 gestrichener TL Kräutersalz
1 Msp. schwarzer Pfeffer
1 EL Zitronensaft, Petersilie

*Zubereitung:*
Butter in einer Pfanne zerlaufen lassen. Zwiebel schälen, fein schneiden und in der Butter glasig oder goldgelb braten. Bananen schälen, in Scheiben schneiden, zur Zwiebel geben und auf kleiner Hitze unter mehrmaligem Rühren etwa 10 Minuten gar dünsten. Mit Kräutersalz und Pfeffer würzen, Zitronensaft darüber gießen, alles vermengen und mit fein gehackter Petersilie bestreut servieren.

*Tipp:*
Bananen sorgen für eine Verbesserung der Darmflora und helfen gegen Übersäuerung des Körpers. Sie enthalten die Vitamine A, C und Folsäure sowie einige Vitamine des B-Komplexes.

## Gemüsenockerln auf Blattspinat

*Zutaten:*
1/8 l Sahne
2 Eigelb
1 EL gehackte Kräuter
130 g glattes Mehl
150 g geputzter Lauch
100 g Möhren, 100 g Karotten
800 g Blattspinat
1/2 Zwiebel
1/8 kg Butter
Salz
Pfeffer
Muskatnuss

*Zubereitung:*
Spinat waschen und die Stiele entfernen. Spinat kurz überkochen, kalt abschrecken und behutsam ausdrücken; auf einem Tuch gut abtropfen lassen. Lauch der Länge nach aufschneiden, gründlich waschen, abtropfen lassen und in sehr kleine Stücke schneiden. Möhren und Karotten putzen, schälen, fein raspeln. Gemüse in einem Tuch gut ausdrücken. Sahne und Eigelb verquirlen, Kräuter und Mehl einrühren, Gemüse untermengen, mit Salz, Pfeffer und geriebener Muskatnuss würzen.

Salzwasser zum Kochen bringen. Aus der Masse etwa 12 gleich große Nocken ausstechen, in das kochende Wasser legen und ca. 8 Minuten schwach wallend köcheln. Die Zwiebel schälen, fein hacken und in 1 EL Butter anschwitzen, Spinat dazugeben, gut vermischen und mit Salz, Pfeffer und gemahlener Muskatnuss würzen. Spinat auf Tellern anrichten, Nocken aus dem Kochfond heben, gut abtropfen lassen und auf den Spinat setzen. Restliche Butter erhitzen, bis sie braun ist, und vor dem Servieren über die Nockerln gießen.

*Tipp:*
Sie können die Nockerln zusätzlich mit grob geriebenem Käse bestreuen oder, wenn Sie kein strikter Vegetarier sind, mit gebratenen Schinkenstreifen.

## Gebackene Kartoffeln mit Gurkenfülle

*Zutaten:*
8 mittelgroße Kartoffeln
1 Gurke
1/4 l Joghurt
1 EL Dill
10 Knoblauchzehen
Salz
Pfeffer

*Zubereitung:*
Backrohr auf 200 Grad vorheizen. Kartoffeln gründlich waschen und in mittlerer Höhe auf einem Gitterrost etwa 1 Stunde backen.
Für die Füllung Gurkenenden entfernen, Gurke schälen, der Länge nach halbieren und die Kerne

mit einem Löffel ausschaben. Fruchtfleisch fein raspeln und gut ausdrücken. Joghurt mit Gurken und Dill vermischen und mit Salz, Pfeffer und zerdrücktem Knoblauch würzen. Die fertig gebackenen Kartoffeln aus dem Rohr nehmen und an der Oberseite mit einem Messer scharf einschneiden. Kartoffeln auseinander drücken, sodass ein Hohlraum entsteht; Gurkencreme hineinfüllen und Kartoffeln rasch servieren.

*Tipp:*
Verwenden Sie möglichst mehlige Kartoffeln. Dazu passen gegrillte Tomatenscheiben.

## Blumenkohl nach italienischer Art

*Zutaten:*
1 Blumenkohl
2 Zwiebeln
1 EL Butter oder Margarine
1 TL Gemüsebrühe
100 g geriebener Edamer
500 g Tomaten
Thymian
1 Knoblauchzehe
Pfeffer, Salz

*Zubereitung:*
Blumenkohl putzen, in Röschen zerteilen und in Salzwasser legen. Zwiebeln schälen, fein hacken und in Butter andünsten. Gemüsebrühe und 1 Tasse Wasser zugeben, umrühren und den abgetropften Blumenkohl hinzufügen. Zugedeckt etwa 5 Minuten andünsten.

Tomaten blanchieren, enthäuten, in einer gefetteten Form verteilen und mit Thymian und gehacktem Knoblauch bestreuen. Den Blumenkohl mit einem Schöpflöffel aus dem Topf nehmen, abtropfen lassen und ebenfalls in der Form verteilen. Mit geraspeltem Käse bestreuen und im Backrohr bei ca. 200 Grad etwa 20 Minuten überbacken.

*Tipp:*
Dazu passen Kartoffeln. Blumenkohl nach italienischer Art ist ein besonders „leichtes" Gericht. Eine Portion enthält etwa 180 kcal.

## Zucchinigratin mit Kartoffeln

*Zutaten:*
600 g Kartoffeln
3 kleine Zucchini
125 g Schmand
125 g Magerquark
200 ml Magermilch (1,5 Prozent Fett)
frisch gehacktes Basilikum
Oregano
Thymian
1 EL Pinienkerne (Pignoli)
50 g Gouda
1 TL Butter für die Form

*Zubereitung:*
Kartoffeln schälen, putzen und in Scheiben schneiden. Zucchini waschen und in Scheiben schneiden. In einer gefetteten Form abwechselnd die Gemüsescheiben schichten. Schmand, Quark, Milch und Kräuter zu einer Sauce verrühren und das Gemüse

damit übergießen. Bei 180 Grad etwa 40–50 Minuten backen. Nach der Hälfte der Backzeit die Pinienkerne und den gewürfelten Gouda überstreuen und weiterbacken. Warm servieren.

## Gemüsepfanne

*Zutaten:*
1 kleine Stange Lauch
400 g Möhren
100 g Sellerie
100 g Petersilienwurzeln
1 EL Petersilie
Öl
Salz
Pfeffer
3 Knoblauchzehen
4 EL Brühe
4 EL Sojasauce
4 EL Weißwein
1 EL Stärkemehl

*Zubereitung:*
Lauch putzen, halbieren, waschen und in ca. 1 cm breite Scheiben schneiden. Möhren, Sellerie und Petersilienwurzeln schälen und in ca. 3 mm dicke Scheiben schneiden. Sellerie zusätzlich in Streifen schneiden. Petersilie hacken. In einem Wok oder einer großen Pfanne 2 EL Öl erhitzen. Gemüse zugeben und unter Rühren ca. 4 Minuten anbraten. Mit Salz, Pfeffer und zerdrücktem Knoblauch würzen. Lauch zugeben und unter Rühren weitere 2 Minuten braten. Brühe zugießen und Gemüse zugedeckt 3 Minuten auf kleiner Flamme köcheln.

Sojasauce, Weißwein und Speisestärke gut verrühren, unter das Gemüse mischen und kurz aufkochen. Gemüse auf einer Platte anrichten und mit Petersilie bestreut servieren.

*Tipp:*
Ein Wok ist ein klassischer, chinesischer Kochtopf und ist in jedem guten Haushaltwarengeschäft erhältlich. Er ist ideal, um schonend, schnell und mit nur wenig Fett zu kochen. Für Gemüse empfiehlt sich der Wok auch aufgrund seiner kurzen Garzeiten. Gleichmäßig klein geschnittene Gemüsestückchen können hier unter Rühren in nur wenigen Minuten gebraten werden. Den Vitaminen bleibt keine Zeit, sich aufzulösen.

## Letscho

*Zutaten:*
200 g Auberginen
260 g Tomaten
200 g Champignons
400 g Zucchini
40 g Butter
Salz
Galgant (aus dem Reformhaus)
4 EL saure Sahne
2 TL frisch gehackte Kräuter

*Zubereitung:*
Auberginen schälen und grob würfeln. Tomaten kurz in heißes Wasser legen, Haut abziehen und Fruchtfleisch ebenfalls würfeln. Champignons waschen, putzen und vierteln. Zucchini waschen und

in dickere Scheiben schneiden. Butter in einer großen Pfanne erhitzen. Zuerst Champignons, dann Zucchini und Auberginen darin anrösten. Gemüse mit Salz und Galgant würzen. Pfanne zudecken und das Gemüse ca. 3–4 Minuten garen. Tomatenwürfel und saure Sahne dazugeben und noch kurz fertig garen lassen.

*Tipp:*
Galgant fördert Herz und Kreislauf und ist als Wurzel in Reformhäusern erhältlich. Er kann wie Pfeffer in einer Mühle gemahlen werden; Sie können aber auch fertig geriebenes Galgantpulver verwenden.

## Gurkenfrikassee nach italienischer Art

*Zutaten:*
600 g Salatgurke
300 g Tomaten
200 g Champignons
40 g Butter
etwas Brühe
20 g frisches Basilikum
4 EL Crème fraîche
Salz
Muskatnuss

*Zubereitung:*
Salatgurke schälen, der Länge nach halbieren, die Kerne mit einem Löffel ausschaben und das Fruchtfleisch in fingerdicke Streifen schneiden. Tomaten kurz in siedendes Wasser legen, Haut abziehen, entkernen und Fruchtfleisch würfeln.

Champigons waschen, putzen und vierteln. Butter in einer großen Pfanne erhitzen, Gurken und Champigons darin schwenken, dann leicht anrösten und mit etwas Brühe zugedeckt kurze Zeit weichdünsten. Wenn das Wasser verdunstet ist, feingehackte Basilikumblätter und Tomatenwürfel untermengen. Gemüse mit Salz, Muskatnuss und Crème fraîche abschmecken.

## Schinkenrolle mit Lauch

*Zutaten:*
8 Stangen Lauch (etwa 800 g)
4 Scheiben Toastschinken (etwa 200 g)
10 g Vollkornmehl
10 g Butter
1 EL gehackter Dill
1 TL Bierhefe
Zitronensaft
Salz
Pfeffer
Schnittlauch

*Zubereitung:*
Den weißen Teil der Lauchstangen abschneiden, putzen, waschen und in wenig Salzwasser garen. Aus Mehl und Butter eine Mehlschwitze mischen, mit dem Lauchkochwasser ablöschen und mit Pfeffer, Bierhefe und Zitronensaft würzen. Sauce noch einmal kurz aufkochen und mit Dill abschmecken. Je zwei Lauchstangen in eine Schinkenscheibe wickeln und mit je einem Halm Schnittlauch verschnüren. Mit Zitronensauce übergießen und servieren.

*Tipp:*
Dazu passen Kartoffeln mit Petersilie. Werfen Sie die grünen Lauchenden nicht weg. Sie eignen sich noch für Gemüsebrühe oder eine Lauchcremesuppe. Wenn Sie die Schnittlauchhalme kurz in siedendes Wasser legen, reißen sie nicht so leicht ein beim Verschnüren der Päckchen.
Hefeflocken sind ein beliebtes Würzmittel bei vegetarischen Gerichten. Sie enthalten fast alle Vitamine des Vitamin B-Komplexes und sind reich an hochwertigem Eiweiß.

## Überbackene Schwarzwurzeln

*Zutaten:*
1200 g Schwarzwurzeln
200 g Putenschinken
200 g Gouda (Käse)
Zitronensaft
gehackte Petersilie
Salz

*Zubereitung:*
Schwarzwurzeln gründlich waschen, schälen, halbieren (am besten mit Handschuhen) und mit Zitronensaft beträufeln. Schwarzwurzelstücke in siedendem Wasser blanchieren, abkühlen lassen. Jeweils etwa 3 Schwarzwurzeln in eine Scheibe Schinken wickeln und die Päckchen nebeneinander in eine Auflaufform oder feuerfeste Pfanne legen. Gouda raspeln und darüber streuen, im vorgeheizten Backofen überbacken. Die überbackenen Schwarzwurzeln vor dem Servieren mit Petersilie bestreuen.

*Tipp:*
Sie können dieses Rezept auch mit frischem Spargel ausprobieren.
Zum Schälen der Schwarzwurzeln oder Spargel eignet sich am besten ein Sparschäler, der in den meisten Haushaltwarengeschäften recht günstig erhältlich ist. Sowohl Spargel als auch Schwarzwurzeln wirken harntreibend und sind eisenhaltig. Spargel ist zusätzlich eine reiche Vitaminquelle (A, $B_2$, $B_6$, C, E) und hilfreich beim Abnehmen.

## Gemüselaibchen

*Zutaten:*
80 g Zwiebel
4 EL Petersilie
480 g Mischgemüse (notfalls tief gekühlt)
200 g Magerquark
2 Eier
120 g Mehl
120 g Paniermehl
Salz
Pfeffer
Muskat
80g Edamer (20 % Fett i.T.)

*Zutaten für die Sauce:*
400 g passierte Tomaten
200 g Zwiebel
4 TL Pflanzenöl, Salz

*Zubereitung:*
Zwiebel und Petersilie fein hacken. Das Gemüse putzen und würfelig schneiden. Gemüse, Zwiebel,

Petersilie, Quark, Eier, Mehl, Paniermehl und Gewürze zu einem glatten Teig verkneten. Aus dem Teig Laibchen formen, auf ein mit Backpapier ausgelegtes Blech legen und mit geriebenem Käse bestreuen. Bei 180 Grad etwa 35 Minuten backen. Für die Sauce Zwiebel fein hacken und anrösten, passierte Tomaten beigeben, würzen und etwas kochen lassen. Mit den Laibchen anrichten.

*Tipp:*
Die Laibchen lassen sich einfacher mit nassen Händen formen.

## Gemüseauflauf

*Zutaten:*
Butter und Paniermehl für die Auflaufform
2 Bund Schnittlauch
340 ml saure Sahne
4 Eier
4 EL Mehl
Kräutersalz, Pfeffer
4 Knoblauchzehen
800 g Mischgemüse
140 g geriebener Magerkäse

*Zubereitung:*
Auflaufform buttern und mit Paniermehl ausstreuen. Backrohr auf 200 Grad vorheizen. Schnittlauch schneiden, Eier und Mehl mit der sauren Sahne gut zu einem flüssigen Teig verrühren, mit Salz, Pfeffer und Knoblauch würzen. Gemüse mit Käse verrühren und mit dem Sahne-Teig vermengen; alles in die Form geben und etwa 50 Minuten backen.

*Tipp:*
Dazu passen Kartoffeln oder Blattsalate.

## Ofen-Kartoffeln mit Möhrenquark

*Zutaten:*
600 g Kartoffeln
4 TL Öl
6–7 Möhren
400 g Magerquark
8 EL saure Sahne
4 Knoblauchzehen
8 EL Distelöl
Zitronensaft
Kümmelkörner
Salz
Pfeffer

*Zubereitung:*
Kartoffeln gründlich waschen, putzen, halbieren, aber nicht schälen. Backblech mit Öl bepinseln, Kartoffeln mit der Schnittfläche nach unten auf dem Blech verteilen, die Kartoffeln mit Kümmelkörner bestreuen und im vorgeheizten Ofen etwa 30 Minuten bei 220 Grad backen. Einstweilen Möhren schälen, waschen, fein reiben und mit saurer Sahne, Magerquark, zerdrückten Knoblauchzehen, Distelöl, Salz und Pfeffer vermengen. Den Möhrenquark mit Zitronensaft abschmecken und zu den fertigen, heißen Ofen-Kartoffeln servieren.

*Tipp:*
Kümmel wirkt verdauungsanregend und stärkt den Magen.

## Kräuterpfannkuchen mit Gemüsefüllung
(Rezept für 2 Personen)

*Zutaten für die Kräuterpfannkuchen:*
160 g Dinkel, frisch gemahlen
160 g Roggen, ganzes Korn
4 Tassen Milch
4 kleine Eier
80 g Magerquark
4 EL gehackter Schnittlauch
4 EL gehackte Petersilie
Muskatnuss
Pfeffer
Salz
4 TL Weizenkeimöl

*Zutaten für die Gemüsefüllung:*
160 g Möhren
160 g Kohlrabi
160 g Sellerie
4 Tassen Brühe
40 g Weizenmehl
120 g Milch
4 TL Sonnenblumenöl
160 g Jungzwiebeln
4 TL geriebener Meerrettich
Muskatnuss
Pfeffer
Salz

*Zubereitung:*
Für die Pfannkuchen Dinkel und Roggen in der Milch glatt rühren. Ei gut verschlagen, mit Quark verrühren und zu dem Mehlbrei geben. Teig mit Schnittlauch, Petersilie, Muskatnuss, Pfeffer und

Salz vermengen. Eine beschichtete Pfanne leicht erhitzen und mit Öl ausstreichen, aus dem Teig Pfannkuchen backen.
Für die Füllung Möhren, Kohlrabi und Sellerie waschen, schälen, würfeln und in etwas Brühe bei geringer Hitze etwa 8 Minuten dünsten. Weizenmehl mit Milch, Öl und restlicher Brühe verrühren und zum Gemüse gießen; glatt rühren. Jungzwiebeln fein schneiden, mit Meerrettich, Salz, Pfeffer und Muskatnuss würzen und der Gemüsefüllung hinzufügen. Bis zum Abbinden weiter köcheln lassen. Pfannkuchen mit Gemüsefüllung sevieren und mit Petersilie garnieren.

## Linseneintopf

*Zutaten:*
160 g Linsen, getrocknet gewogen
Kümmel, gemahlen
4 Zwiebel
4 Äpfel
4 TL Maiskeimöl
4 EL Weißwein
Pfeffer
Gewürznelken, gerieben
Salz
4 TL Weizenmehl
2 Tassen Brühe
4 TL Senf
4 TL Obstessig

*Zubereitung:*
Linsen 4 Stunden einweichen, mit dem Einweichwasser 10 Minuten mit Kümmel garen, vom Herd

nehmen und ausquellen lassen. Zwiebeln schälen, Äpfel waschen und vom Kerngehäuse befreien. Äpfel und Zwiebeln halbieren und bei kleiner Hitze in einer beschichteten Pfanne mit dem Öl leicht anbraten. Mit Weißwein ablöschen und zugedeckt 5 Minuten dünsten lassen. Mit Pfeffer, Gewürznelken und Salz würzen, mit Mehl bestäuben, gut durchrühren und die Brühe dazugießen. Alles aufkochen lassen, bis die Sauce gebunden ist; Senf, Obstessig und Linsen einrühren, nochmals erhitzen.

*Tipp:*
Das Gemüsegericht aus Linsen, Zwiebeln und Äpfeln eignet sich besonders gut als Beilage, z. B. zu Rindersteak.

# Vielfältiges von der Sojabohne

## Sojaküchlein

*Zutaten:*
100 g gekörntes Sojamark (Hackfleischart)
2 große Zwiebeln
3 Knoblauchzehen
2 gehäufte EL Miso
50 g zarte Haferflocken
3 gestrichene EL Sojamehl
3 gestrichene EL Hefeflocken
2 Eier
1 TL frisches feingehacktes Basilikum
Öl zum Braten

*Zubereitung:*
Sojamark in eine Schüssel geben und mit 1/4 l kochendem Wasser übergießen. Zwiebeln und Knoblauchzehen schälen und mit dem Messer sehr fein schneiden. Miso in einer kleinen Schüssel mit 1/8 l kochendem Wasser übergießen, mit einer Gabel zerdrücken, glatt rühren. Zwiebeln, Knoblauchzehen, Haferflocken, Sojamehl, Hefeflocken, Eier, Basilikum und das angerührte Miso zu dem Sojamark in die Schüssel geben, alles gut vermengen. Öl in einer Pfanne erhitzen. Mit einem Esslöffel kleine Portionen vom Teig in das heiße Fett setzen und die Küchlein auf jeder Seite etwa 5 Minuten knusprig braun braten.

*Tipp:*
Die Sojaküchlein enthalten besonders viel hochwertiges Eiweiß und passen gut zu Gurkensalat. Die Sojamasse eignet sich auch gut zum Füllen von Gurken oder Zucchini. Sie werden ausgehöhlt, mit der Sojamasse gefüllt, mit wenig Wasser in eine

Pfanne gesetzt und zugedeckt etwa 15 Minuten gar gedünstet. Das fertige Gericht können Sie vor dem Servieren mit fein gehackten Kräutern bestreuen.

## Spargel-Tofu-Mus mit frischen Salaten

*Zutaten:*
400 g Spargel
100 g Seidentofu
50 g Crème fraîche
8 Blatt Gelatine
1 EL Champagneressig
3 EL Sahne
Salz
Pfeffer
Vollrohrzucker
Butter
Blattsalate nach Belieben

*Zubereitung:*
Spargel schälen, holzige Enden abschneiden und in einem ausreichend großen Topf mit Salz, etwas Vollrohrzucker und einigen Butterflocken ca. 15 bis 20 Minuten gut weich kochen. Spargel herausnehmen, gut abtropfen lassen, mit Crème fraîche und Seidentofu fein pürieren, Masse durch ein Sieb streichen. Gelatine in kaltem Wasser einweichen, ausdrücken, in einer kleinen Pfanne auflösen und zum Spargelpüree geben. Mit Salz, Pfeffer und Champagner-Essig abschmecken. Geschlagene Sahne unterheben, in kleine Formen oder Kaffeetassen füllen und gut durchkühlen. Vor dem Servieren stürzen und auf Blattsalaten anrichten.

*Tipp:*
Tofu enthält das wertvolle Sojaeiweiß ohne chemische Zusätze, dafür aber mit gut aufgeschlossenen und angereicherten Mineralstoffen. Vorsicht ist jedoch vor dem hohen Fettanteil geboten.

## Tofu-Gemüse-Laibchen auf Rahmspargel

*Zutaten für das Tofu-Gemüse-Laibchen:*
200 g Tofu
50 g Möhren
50 g Sellerie
50 g frische Pilze
20 g Schalotten
50 g Buchweizen
Meersalz
Pfeffer
Curry
frisch gehackte Petersilie
etwas Pflanzenöl

*Zutaten für den Rahmspargel:*
400 g Spargel
Salz
Vollrohrzucker, Butter

*Zutaten für die Sauce:*
2 dl Spargelfond
6 dl Weißwein
3 dl Sahne
20 g Butter
1 EL geschlagene Sahne
etwas Zitronensaft
Salz, Pfeffer

*Zubereitung:*
Tofu mit einem Tuch abtupfen. Tofu, Möhren, Sellerie mit einer Reibe fein reiben. Pilze und Schalotten fein hacken und alles vermengen. Mit Meersalz, Pfeffer und Curry abschmecken, ca. eine Stunde im Kühlschrank kalt stellen. Danach kleine Laibchen formen und in einer beschichteten Pfanne goldbraun anbraten. Im Backrohr 5 Minuten bei mäßiger Hitze fertig backen. Für das Rahmgemüse den Spargel schälen, die holzigen Enden abschneiden. Mit Küchengarn in vier gleich große Portionen bündeln, in einem ausreichend großen Topf den Spargel mit Salz, Vollrohrzucker und Butter ca. 15 Minuten garen. Für die Sauce den Spargelfond mit Weißwein einkochen, Sahne dazugeben und die Sauce auf die gewünschte Konsistenz einkochen lassen. Mit einem Stabmixer die Butter untermixen, mit Salz, Pfeffer und Zitronensaft würzen. Den Spargel etwa bis zur Mitte in dünne Scheiben schneiden, in die Sauce geben und die geschlagene Sahne unterziehen.

## Miso-Bratäpfel

*Zutaten:*
4 mittelgroße Äpfel
3 TL gehackte und geröstete Walnüsse
3 TL Miso
1/2 TL geriebene Zitronenschale

*Zubereitung:*
Äpfel waschen, Kerngehäuse entfernen. Miso, Nüsse und Zitronenschale gut mischen und in die Äpfel füllen. Äpfel auf ein gefettetes Backblech geben

und im vorgeheizten Ofen bei 190 Grad ca. 20 Minuten backen.

## Tofu-Bällchen mit Mischgemüse

*Zutaten:*
300 g Tofu
2 Vollwertbrötchen
2 Eigelb
60 g geriebener Emmentaler
40 g Vollwertbrösel
30 g feinst geschnittene Möhrenwürfel
2 EL frisch gehackte Petersilie
2 EL frisch gehackte Zwiebel
Salz
Pfeffer
Muskatnuss
35 g Butter
320 g Sellerie
200 g Möhren
120 g Petersilienwurzel
120 g Zucchino
100 g frische Spinatblätter
Brühe
4 EL Crème fraîche
2 EL frisches Kerbelkraut

*Zubereitung:*
Tofu auf einer Reibe fein raspeln oder durch den Fleischwolf drehen. Gehackte Zwiebel in etwas Butter anrösten. Vollwertbrötchen in Wasser einweichen, ausdrücken und zusammen mit der Zwiebel ebenfalls durch den Fleischwolf drehen. Möhrenwürfel in etwas Wasser oder Brühe weich

kochen. Zwiebel-Semmel-Paste mit Tofu, Möhren, Eigelb, Emmentaler, Petersilie, Bröseln und Gewürzen gut vermischen und die Masse 1/2 Stunde im Kühlschrank kalt stellen.
Einstweilen das Gemüse gut waschen, putzen und – bis auf den Zucchino – schälen. Zucchino und Möhren der Länge nach halbieren und in dicke Scheiben schneiden. Petersilienwurzel und Sellerieknolle ebenfalls klein schneiden. Etwa 60 g der Sellerieknolle für die Gemüsemischung verwenden, den restlichen Sellerie für die Sauce auf die Seite stellen. Gemüsemischung im Druckkochtopf „al dente" dämpfen und mit Salz und Muskatnuss würzen. Übrigen Sellerie in Butter anschwitzen, mit ca. 300 g Brühe auffüllen und gar kochen. Mit Crème fraîche, Muskatnuss und Kerbelkraut abschmecken und mit einem Mixer zu einer sämigen Sauce pürieren. Sauce unter das Mischgemüse mengen, alles abschmecken und eventuell nachwürzen; danach auf Tellern anrichten.
Tofumasse aus dem Kühlschrank nehmen, mit nassen Händen kleine Bällchen formen und diese ca. 10 Minuten lang in köchelndem Salzwasser garen. Spinatblätter waschen, abtropfen lassen, in Butter anschwitzen und auf dem Mischgemüse verteilen. Tofubällchen abtropfen lassen und auf die Spinatblätter setzen.

*Tipp:*
Kochen Sie zunächst einmal nur ein Probebällchen. Gegebenenfalls müssen Sie die Masse länger kalt stellen oder die Konsistenz leicht verändern. Geben Sie die Zucchini erst etwas später in den Druckkochtopf, da sie eine kürzere Garzeit haben.

## Sojasprossen-Gemüse

*Zutaten:*
240 g Möhren
2 l Basis-Gemüsebrühe (siehe Seite 56)
200 g Lauch
320 g Sojasprossen
4 TL Traubenkernöl
4 Knoblauchzehe
4 TL gehackte Petersilie
Senfpulver
Koriander (gemahlen)
Pfeffer (frisch gemahlen)
Salz

*Zubereitung:*
Möhren in feine Streifen schneiden und in der Gemüsebrühe 5 Minuten dünsten. Den Lauch schneiden und mit den Sprossen in die Brühe geben; alles zusammen weitere 3 Minuten dünsten. Knoblauchzehe zerdrücken, mit dem Öl und den restlichen Zutaten dazugeben.

## Tofuschnitzel mit Möhren

*Zutaten:*
400 g Tofu
2–4 EL saure Sahne
2 EL Sojasauce
2 TL Hefeflocken
Salz
400 g Möhren, 40 g Butter
ca. 1/2 l Mineralwasser
2 TL frisches Kerbelkraut

*Zubereitung:*
Tofu mit der Gabel fein zerdrücken und mit saurer Sahne, Sojasauce und Hefeflocken mischen. Etwas salzen, Schnitzel formen und im Dampf- oder Backofen erwärmen.
Möhren schälen und in feine Scheiben schneiden; in einer Pfanne mit Butter kurz anschwitzen. Mit Mineralwasser auffüllen, weichdünsten. Kerbelkraut fein hacken und untermengen.

*Tipp:*
Zu den Tofuschnitzeln können Sie eine Kerbelsauce servieren, die besonders gut dazu schmeckt (siehe „Beilagen“, Seite 162).

## Soja-Hirse-Omelette

*Zutaten:*
2 Tassen Hirse
2 Tassen Wasser
1 Tasse Sojamehl (ca. 40 g)
1 Tasse Milch
4 Eier
2 gestrichene TL Kochsalz
2 Msp. geriebene Muskatnuss
Öl zum Braten

*Zubereitung:*
Hirse in 2 Tassen Wasser einweichen und zugedeckt über Nacht (etwa 12 Stunden) quellen lassen. Hirse mit dem Einweichwasser und allen übrigen Zutaten (bis auf das Öl) in den Mixer füllen und etwa 1 1/2 Minuten fein pürieren. In einer beschichteten Pfanne Öl erhitzen; jeweils so viel Teig hinein-

gießen, dass dünne Omelette entstehen; diese 1 bis 2 Minuten bräunen lassen, wenden und fertigbraten.

*Tipp:*
Rühren Sie zwischendurch immer wieder den übrigen Teig im Mixer um, weil sich die Hirse sonst leicht absetzt.
Dazu passen verschiedene Salate (siehe Kapitel „Rohkost und Salate, ab Seite 74) oder eine Gemüsefüllung (siehe Seite 140).

## Gemüsepizza mit Miso
(Rezept für zwei Pizzen)

*Zutaten für den Belag:*
Sesamöl
1 Tasse gehackte Zwiebeln
3 Tassen Möhren, in große Stücke geschnitten
1 Prise Meersalz
2 Tassen rote und grüne Paprika,
in Streifen geschnitten
1–2 Tassen Zucchini, in Scheiben geschnitten
1 Tasse Lauch, in Streifen geschnitten
1/2 Tasse Gerstenmiso
1 TL Ingwersaft (aus dem Reformhaus)
1 Tasse Tofu, gewürfelt

*Zutaten für den Pizzaboden:*
2 1/2 Tassen frisch gemahlenes Vollkornweizenmehl
1 Msp. Salz
1 Tasse Mineralwasser
1 TL Öl

*Zubereitung:*
Einen erhitzten Druckkochtopf mit Sesamöl auspinseln. Erst die Zwiebel, dann die Möhren andünsten, eine Prise Meersalz und etwa 1/2 Tasse Wasser dazugeben; auf mittlerer Hitze aufkochen und 15 Minuten unter Druck fertig garen. Gemüse mit dem Stabmixer pürieren, mit Ingwersaft und Miso mischen und zur Seite stellen.
Eine heiße Pfanne mit Öl auspinseln. Paprika, Zucchini und Lauch leicht andünsten und auf die Seite stellen.
Für den Pizzaboden das Mehl mit Salz, Mineralwasser und Öl in eine Schüssel geben, alle Zutaten mischen und gut durchkneten, bis ein glatter, formbarer Teig entsteht. Auf einem mit Mehl bestäubten Holzbrett kurz weiterkneten und dann 15 Minuten ruhen lassen.
Teigmasse halbieren, jeweils kreisförmig auswalzen und die Pizzen auf ein Kuchenblech legen.
Möhrenpüree gleichmäßig auf beiden Pizzaböden verteilen; Paprika, Lauch, Zucchini und Tofu darauflegen. Im vorgeheizten Rohr bei 190 Grad 30 Minuten backen.

## Tofu-Burger mit Miso

*Zutaten:*
2 Tassen gekochter Reis
1 Stange Lauch, in dünne Scheiben geschnitten
1 TL Tahin
1 Zwiebel, gehackt
1 TL Miso
1/2 Tasse Tofu
Sesamöl

*Zubereitung:*
Gekochten Reis, Lauch, Tahin, Zwiebel, Miso und Tofu gut durchmischen und mit leicht angefeuchteten Fingern Tofu-Burger formen. Sesamöl in einer Pfanne erhitzen und die Burger bei mittlerer Hitze goldbraun backen.
Mit einem Blatt Salat, Tomaten, Mixedpickles oder Senf auf einem Brötchen anrichten.

*Tipp:*
Statt Tofu können Sie auch Seitan (Weizengluten) verwenden. Seitan ist etwas intensiver im Geschmack.
Tahin ist eine Paste, die aus Sesamsaat hergestellt wird und in jedem gut sortierten Naturkostladen erhältlich ist. Es eignet sich auch unbearbeitet vorzüglich als Brotaufstrich.

# Gutes von Fisch und Fleisch

## Lachsfilet mit Avocadosauce

*Zutaten:*
720 g frisches Lachsfilet
2 Avocados
12 EL Gemüsebrühe
8 EL saure Sahne
Salz
Pfeffer
Zitronensaft

*Zubereitung:*
Für die Sauce das Avocadofleisch in Stücke schneiden, mit Zitronensaft beträufeln und mit kalter Gemüsebrühe pürieren. Sauce mit saurer Sahne vermischen, mit Salz und Pfeffer abschmecken. Lachsfilet würzen und in wenig heißem Öl beidseitig braten, abtropfen lassen und mit der Sauce anrichten.

*Tipp:*
Dazu passen Petersilienkartoffeln.

## Hühnerrisotto mit Bananencreme

*Zutaten:*
280 g Langkornreis (roh gewogen)
200 g Erbsen
200 g Möhren
280 g Hühnerbrust
Salz
Pfeffer
Curry
4 EL Pflanzenöl zum Braten

*Zutaten für die Bananensauce:*
2 Bananen
Zitronensaft
320 g Joghurt
4 EL Milch
Salz
Curry

*Zubereitung:*
Reis in 1/2 l Salzwasser körnig dünsten, zur Hälfte der Garzeit Erbsen und würfelig geschnittene Möhren beigeben, würzen. Hühnerbrust klein schneiden, würzen, anbraten und dem Risotto beimengen.
Bananen pürieren, mit den übrigen Zutaten vermengen und zum Risotto servieren.

## Gebratene Seezunge auf Gemüsebett

*Zutaten:*
4 Stück Seezunge (etwa 1 kg)
50 g Vollkornmehl
100 g Zwiebeln
600 g Fenchel
600 g Möhren
50 g Öl
10 g Butter
60 g Mozzarella
Salz, Pfeffer
Zitronensaft

*Zubereitung:*
Fisch waschen, abtropfen lassen, pfeffern, salzen, mit Zitronensaft beträufeln und mit Mehl bestäuben.

Öl in einer Pfanne erhitzen und die Seezungen darin goldbraun braten. Möhren und Fenchel waschen, putzen, gegebenenfalls schälen und in dünne Scheiben schneiden. Fenchelgrün beiseite legen. Möhren in gesalzenem Wasser weich kochen, nach etwa 2/3 der Garzeit Fenchelscheiben dazugeben. Zwiebeln fein hacken und in der Butter glasig dünsten. Gemüse aus dem Wasser nehmen, abtropfen lassen und mit den Zwiebeln gut durchrösten. Auflaufform einfetten, Gemüsemischung einfüllen, mit Mozzarellascheiben belegen und im Backofen gratinieren. Fenchelgrün fein hacken und zum Schluss über das überbackene Gemüse streuen. Gemüse auf Tellern verteilen und den Fisch darauf anrichten.

*Tipp:*
Sollten Sie zu viel Fenchel übrig haben, können Sie ihn für Salate verwerten. Er passt kalt ausgezeichnet zu Äpfeln, Birnen, Roten Beten, Avocados und Möhren. Heimischer Fenchel hat Mitte Juni bis Mitte Oktober Saison und sollte möglichst nur in dieser Zeit genossen werden, um Vitaminverluste zu vermeiden (siehe Einleitung).

## Geröstete Leberstreifen in Sahnesauce

*Zutaten:*
500 g Kalbsleber
300 g Zwiebeln
50 g Öl
200 g saure Sahne
30 g Crème fraîche
Worcestersauce

Zitronensaft
3 EL scharfer Senf
Oregano
Salz
Pfeffer

*Zubereitung:*
Die Kalbsleber waschen, putzen, mit einem Küchentuch trockentupfen, in fingerdicke Streifen schneiden, in heißem Öl braun rösten und mit Salz, Pfeffer und Oregano würzen. Leberstreifen mehrmals wenden, aus dem Öl nehmen und kurz abtropfen lassen. Etwa 2/3 der Zwiebeln schälen, in Ringe schneiden und im gewürzten Bratenfett anrösten. Saure Sahne mit Crème fraîche, etwas Zitronensaft, Senf, Worcestersauce, Salz, Pfeffer und den restlichen Zwiebeln im Mixer zu einer pikanten Sauce pürieren, abschmecken und mit den Leberstreifen und den gerösteten Zwiebelringen servieren.

*Tipp:*
Sparen Sie nicht mit Oregano. Er sorgt nicht nur für einen ganz speziellen Geschmack, sondern wirkt auch verdauungsfördernd und desinfizierend auf Darm und Magen.

## Rindfleischeintopf mit Wirsing

*Zutaten:*
400 g Rindfleisch
1 Bund Suppengrün
5 Zwiebeln
1 Lorbeerblatt

4 TL Öl
800 g Wirsing
500 g Kartoffeln
Salz
Pfeffer

*Zubereitung:*
Rindfleisch zusammen mit dem geputzten Suppengrün, dem Lorbeerblatt und einer geschälten und halbierten Zwiebel in gut 1 l gesalzenem Wasser etwa 90 Minuten gar kochen. Rindfleisch aus dem Topf nehmen, Fett weitgehend entfernen und Fleisch grob würfeln. Fleischbrühe für später beiseite stellen. Kartoffeln schälen, putzen und würfeln. Wirsing waschen und klein schneiden. Restliche Zwiebeln schälen, grob hacken und in heißem Öl anrösten, dann Wirsingstücke und zuletzt Kartoffeln dazugeben. Gemüse durchrösten, mit der Fleischbrühe aufgießen und bei niederer Hitze bissfest garen. Rindfleischwürfel unter den Eintopf mischen, alles noch einmal aufkochen lassen und mit Salz und Pfeffer abschmecken.

*Tipp:*
Verwenden Sie als Rindfleisch am besten Beinscheibe, Querrippe oder Nacken. Wenn Sie mit einem Druckkochtopf arbeiten, braucht das Rindfleisch nur etwa 20 Minuten, bis es gut durchgegart ist. Wirsing enthält die Vitamine $B_6$, Folsäure, C und E. Achten Sie beim Einkauf auf möglichst feste, geschlossene Kohlköpfe.

# Beilagen

## Kerbelsauce

*Zutaten:*
150 g Kartoffeln
1 kleine Zwiebel
10 g Butter
1 EL saure Sahne
20 g Kerbelkraut
Salz
Muskatnuss (nach Möglichkeit frisch gerieben)
450 g Basis-Gemüsebrühe

*Zubereitung:*
Kartoffeln und Zwiebel schälen, kleinschneiden und in Butter kurz anschwitzen. Mit Basis-Gemüsebrühe aufgießen und zugedeckt garköcheln lassen. Gewürze, frisches Kerbelkraut, saure Sahne zugeben und mit dem Mixstab pürieren. Falls die Sauce zu dick sein sollte, kann sie eventuell mit mehr Gemüsebrühe gestreckt werden.

## Pignoli-Reis

*Zutaten:*
3 Tassen Reis (z. B. Basmati)
1 1/2 EL Butter
4 1/2 Tassen Brühe
6 EL Pignoli (Pinienkerne)

*Zubereitung:*
Backrohr auf 170 Grad vorheizen. Reis in Butter anschwitzen, mit der Brühe aufgießen und aufkochen. Reis umrühren, zudecken und im vorgeheizten Rohr ca. 1/2 Stunde (je nach Reissorte

kann sich die Garzeit verlängern) dünsten. Pignoli in einer trockenen Pfanne unter mehrmaligem Schwenken goldgelb rösten und gegen Ende der Garzeit unter den Reis mengen.

## Beilage aus Grünkern

*Zutaten:*
160 g Grünkern
4 Tassen Brühe
4 EL feingehackte Zwiebel
4 TL Olivenöl
4 TL gehackter Liebstöckel
4 Knoblauchzehen
Pfeffer
Salz

*Zubereitung:*
Grünkern in der Brühe 20 Minuten garen, vom Herd nehmen und 20 Minuten quellen lassen. Zwiebel in Olivenöl anbraten, Liebstöckel kurz mit dazugeben und beides zum Grünkern rühren. Mit Salz, Pfeffer und zerdrücktem Knoblauch würzen.

*Tipp:*
Passt gut zu gemischtem Gemüse.

## Hirseknödel

*Zutaten:*
200 g Hirse
20 g Butter
2 Eigelb

2 Vollwertbrötchen
Salz, frisch gehackte Petersilie

*Zubereitung:*
Hirse waschen und abtropfen lassen. Kurz in Butter anrösten, mit 0,3 l Wasser auffüllen und aufkochen lassen. Hitze reduzieren und Hirse zugedeckt etwa 15 Minuten weichdünsten, mehrmals umrühren und in eine Schüssel füllen. Mit Eigelb, Salz und Petersilie würzen. Vollwertbrötchen in Wasser einweichen, ausdrücken, zerkleinern und mit der Hirsemasse vermengen. Masse 1/2 Stunde im Kühlschrank ruhen lassen. Mit feuchten Händen kleine Knödel rollen und diese 10 Minuten in Salzwasser ziehen lassen.

## Zuckerschoten als Beilage

*Zutaten:*
500 g Zuckerschoten
frisch gehackte Petersilie
Butter

*Zubereitung:*
Zuckerschoten gründlich waschen, die Fäden abziehen und mit 1 Tasse Wasser in einem Topf mit großer Grundfläche etwa 15 Minuten zugedeckt garen. Erbsenschoten abtropfen lassen und in Butter schwenken. Petersilie fein hacken und das Gemüse damit garnieren.

*Tipp:*
Zuckerschoten passen vorzüglich zu Kartoffelgerichten oder zu Rindfleisch.

# Körniges

## Gemüseeintopf mit Gerste

*Zutaten:*
240 g Möhren
240 g Kohlrabi
240 g Sellerie
8 Tassen Brühe
120 g entspelzte Gerste
200 g Lauch
gemahlener Koriander
Muskatnuss
Pfeffer
4 TL gehackter Liebstöckel
40 g gehackte Zwiebel
4 TL Traubenkernöl

*Zubereitung:*
Gerste 3 Stunden einweichen, dann 20 Minuten garen und noch etwas nachquellen lassen. Möhren, Kohlrabi und Sellerie in gleich große Stücke schneiden, 15 Minuten in etwas Brühe dünsten. Gerste unter fließendem Wasser kurz abschwenken und zu dem Gemüse geben. Restliche Brühe zugießen und klein geschnittenen Lauch dazugeben. Mit Koriander, geriebener Muskatnuss und Pfeffer abschmecken. Alles noch 5 Minuten garen lassen. Liebstöckel, Zwiebel und Traubenkernöl einrühren.

## Auberginen-Perlweizen-Eintopf

*Zutaten:*
300 g Auberginen
200 g Möhren
200 g Zucchini

30 g Butter
200 g Perlweizen
2 l Brühe
10 g Bohnenkraut
200 g geputzter Fenchel
200 g Tomaten
2 EL saure Sahne
Muskatnuss
Salz

*Zubereitung:*
Auberginen schälen und in große Würfeln schneiden. Möhren schälen und in fingerdicke Scheiben schneiden. Zucchini und Fenchel waschen, putzen und ebenfalls in Scheiben schneiden. Tomaten kurz in heißes Wasser legen, Haut abziehen und Fruchtfleisch achteln. Butter in einem großen Topf erhitzen. Perlweizen waschen, abtropfen und in der Butter kurz anrösten; mit Brühe oder Wasser aufgießen. 30 Minuten kochen lassen. Nach ca. 10 Minuten Möhren untermengen, nach weiteren 10 Minuten das restliche Gemüse hinzufügen und ohne Deckel gar kochen. Eintopf mit Salz und geriebener Muskatnuss würzen. Saure Sahne unterrühren, Gericht mit frisch gehacktem Bohnenkraut garnieren.

## Vollwertiger Bohneneintopf

*Zutaten:*
500 g grüne Bohnen
1 l Brühe
2 Tassen Roggen
1 gehäufter TL Kümmelkörner

1 gestrichener TL gemahlener Koriander
1/2 Tasse trockener Rotwein
200 g saure Sahne
(Sellerie-)Salz
Petersilie
Pfeffer

*Zubereitung:*
Am Vorabend Roggen in Gemüsebrühe aufkochen und über Nacht eingeweicht quellen lassen. Grüne Bohnen waschen und in ca. 1 cm lange Stücke schneiden. Roggen noch einmal aufkochen lassen, grüne Bohnen und Gewürze untermengen, Eintopf etwa 25 Minuten gar kochen, dann vom Herd nehmen. Rotwein mit saurer Sahne verrühren, zugießen und mit Selleriesalz abschmecken. Eintopf mit gehackter Petersilie garnieren.

## Weizenkörner mit Crème fraîche

*Zutaten:*
200 g Weizenkörner
3/4 l Brühe
1 Bund Schnittlauch
400 g Crème fraîche
2 TL frisch gehacktes Basilikum
1 Msp. schwarzer Pfeffer
2 gestrichene TL Kräutersalz
2 gestrichene TL Delikata (Reformhaus)

*Zubereitung:*
Am Vorabend Weizenkörner in der Gemüsebrühe kurz aufkochen, vom Herd nehmen und über Nacht zugedeckt quellen lassen. Körner 20 Minuten in die-

ser Gemüsebrühe garen. Crème fraîche mit Kräutern und Gewürzen verrühren. Weizenkörner abtropfen lassen und in einer vorgewärmten Schüssel mit der Crème-fraîche-Marinade servieren.

## Ballaststoffreiche Paprikaschoten

*Zutaten:*
4 große rote Paprikaschoten
1 große Zwiebel
4 kleine Tomaten
2 Eier
1 EL Keimöl
4 EL frisch gehackte Kräuter (z. B. Basilikum)
1/4 l Brühe
2 EL Crème fraîche
4 EL geriebener Leerdamer (Käse)
4 EL Orangensaft
8 EL frisch geschrotete Sechskornmischung
2 EL gehackte Sonnenblumenkerne
1 TL Pfeilwurzmehl
Salz, Cayennepfeffer
Petersilie zum Garnieren

*Zubereitung:*
Paprika waschen, von den Schoten die Kappen großzügig abschneiden, sodass sie später als Deckel verwendet werden können. Paprika entkernen und weiße Rippen entfernen. Tomaten kurz in siedendes Wasser legen, Haut abziehen und Fruchtfleisch klein würfeln. Zwiebel schälen, fein hacken und in heißem Öl glasig andünsten, Sechskornmischung hinzufügen, kurz miträsten, vom Herd nehmen und mit Eiern, Tomatenwürfeln,

Kräutern, 1 TL Salz und 1 Msp. Cayennepfeffer vermengen und die Paprikaschoten damit füllen. Crème fraîche mit geriebenem Leerdamer und gehackten Sonnenblumenkernen mischen und auf die gefüllten Paprikaschoten verteilen; diese mit Kappen verschließen und in einen großen Topf mit Brühe setzen. Topf schließen und Gemüse auf kleiner Flamme ca. 40 Minuten dünsten. Pfeilwurzmehl mit Orangensaft anrühren und zuletzt die Kochbrühe damit binden. Gericht mit Salz und Cayennepfeffer abschmecken, Paprikaschoten in der Brühe servieren und mit Petersilie garnieren.

## Dinkel-Risotto mit Mandelsplittern

*Zutaten:*
240 g Dinkel, 2 l Brühe
80 g Rosinen
Kümmel, Koriander
80 g Mandelsplitter, 4 TL Maiskeimöl
40 g gehackte Zwiebel
Pfeffer, Salz

*Zutaten:*
Dinkel in einem Großteil der Brühe 4–6 Stunden einweichen. Rosinen in der restlichen Brühe einweichen. Dinkel in der Einweichbrühe auf den Herd stellen, mit Kümmel und Koriander würzen, 20 Minuten auf kleiner Flamme garen, vom Herd nehmen, Rosinen dazugeben und alles 30 Minuten quellen lassen. Mandelsplitter in einer beschichteten Pfanne ohne Fett leicht anbräunen. Mandeln, Öl, Salz, Pfeffer und gehackte Zwiebel unter das Risotto rühren.

# Leckere Teigwaren

## Grüne Nudeln mit Schinkensauce

*Zutaten:*
360 g grüne Nudeln
240 g geschnittener Schinken
80 g Zwiebeln
je 400 g Tomaten, Edamer
2 l Gemüsebrühe
4 TL Pflanzenöl
Knoblauch
Salz, Pfeffer, Basilikum
4 EL Kräutermischung

*Zubereitung:*
Gehackte Zwiebeln und Schinkenstreifen in Pflanzenöl anrösten, würfelig geschnittene Tomaten, Knoblauch, Gemüsebrühe und Gewürze zufügen und 10 Minuten köcheln. Nudeln in viel Salzwasser „al dente“ kochen, abschrecken, mit der Sauce anrichten und mit geriebenem Käse bestreuen.

## Vollkornnudeln mit Champignonragout

*Zutaten für das Champignonragout:*
320 g Jungzwiebeln
4 TL Olivenöl
4 Knoblauchzehen
480 g Champignons
40 g Weizenmehl
4 EL Weißwein
4 Tassen Brühe
8 EL Milch
80 g Gorgonzola
Pfeffer, Salz

*Zutaten für die Nudeln:*
280 g Vollkornspaghetti oder -spiralnudeln
4 TL Olivenöl
4 Knoblauchzehen
4 EL frisch gehacktes Basilikum
Salz, Pfeffer

*Zubereitung:*
Jungzwiebeln klein schneiden, in einer beschichteten Pfanne mit Öl anrösten, den zerdrückten Knoblauch und würfelig geschnittene Champignons dazugeben und 2 Minuten miträsten. Mit Mehl bestäuben und unter Rühren angehen lassen. Mit Weißwein ablöschen, Brühe dazugießen, alles verrühren und aufkochen lassen. Pfanne vom Herd nehmen, Milch und Gorgonzola einrühren, Ragout mit Pfeffer und Salz abschmecken. Vollkornteigwaren in reichlich gesalzenem Wasser etwa 10 Minuten kochen, dann abschrecken. Mit Öl, Salz, Pfeffer, Basilikum und gehacktem Knoblauch würzen.

## Vollkornspaghetti Bolognese – ohne Fleisch

*Zutaten:*
250 g Vollkornspaghetti
2 große Zwiebeln
1 Bund Suppengrün
1/2 Tasse Olivenöl
3 Knoblauchzehen
70 g Tomatenmark
100 g Weizengluten
1 Tasse Sahne

Saft von 1 Zitrone
Schnittlauch, Petersilie
1/2 TL Gewürzmischung (Reformhaus)
1 gestrichener TL Paprikapulver süß
2 Msp. schwarzer Pfeffer
1 TL frisch gehacktes Basilikum
1 TL frisch gehackter Liebstöckel
1 TL frisch gehackter Majoran
1 TL frisch gehackter Thymian
2–3 gestrichene TL Kräutersalz

*Zubereitung:*
Gut 2 l gesalzenes Wasser aufkochen und die Vollkornspaghetti darin 10–15 Minuten unter mehrmaligem Umrühren „al dente" kochen. Kochwasser beiseite stellen. Zwiebeln schälen, grob würfeln und in heißem Olivenöl glasig braten. Weizengluten durch den Fleischwolf drehen oder in der Küchenmaschine zerkleinern. Suppengrün putzen, waschen, eventuell schälen bzw. abschaben und klein schneiden. Durchgedrehte Weizengluten und klein geschnittenes Suppengrün zu den Zwiebeln geben und zusammen mit den zerdrückten Knoblauchzehen etwa 5 Minuten gut durchrösten. Öfters umrühren, damit sich nichts anlegt. Tomatenmark mit Sahne, frisch gehackten Kräutern, Paprikapulver, Kräutersalz, Pfeffer und Gewürzmischung gut verrühren und mit 2 Tassen Spaghetti-Kochwasser strecken.
Geröstetes Gemüse und Weizengluten mit der Sauce ablöschen, durchrühren und 5 Minuten kochen lassen. Mit Zitronensaft abschmecken und die Sauce mit den gut abgetropften Spaghetti servieren. Schnittlauch und Petersilie fein hacken und über das fertige Gericht streuen.

# Süßes und Fruchtiges

## Vanillequark

*Zubereitung:*
250 g Magerquark
1 Ei
2 EL Honig
2 Msp. Vanille
Saft von 1/2 Zitrone

*Zubereitung:*
Alle Zutaten mit dem Schneebesen gut verrühren; Dessert in Gläser füllen und kalt stellen.

## Erdbeercreme mit Mangosauce

*Zutaten:*
400 g Erdbeeren (geputzt)
4 EL saure Sahne
2 Mangos, Saft von 4 Orangen (frisch gepresst)
etwa 4 TL Honig

*Zubereitung:*
Erdbeeren pürieren und mit saurer Sahne und etwas Honig glatt rühren. Mangos schälen, in Stücke schneiden mit dem Orangensaft und 1 TL Honig pürieren. Abwechselnd Erdbeercreme und Mangosauce in ein Glas füllen.

## Johannisbeerjoghurt

*Zutaten:*
50 g schwarze Johannisbeeren
600 g Joghurt

1–2 EL Honig
2 TL Mandelmus
1 TL abgeriebene Zitronenschale

*Zubereitung:*
Johannisbeeren waschen, abtropfen lassen und zusammen mit den übrigen Zutaten im Mixer fein pürieren. Joghurt in Dessertgläser füllen und etwa 10 Minuten kalt stellen.

*Tipp:*
Sie können nach dem gleichen Rezept natürlich noch andere Arten von Fruchtjoghurt herstellen. Probieren Sie es doch einmal mit Aprikosen, Erdbeeren, Bananen, Pfirsichen, Brombeeren, Himbeeren usw. Um einen möglichst hohen Gehalt an Vitaminen und Mineralstoffen zu erzielen, empfiehlt es sich, nur Früchte zu verwenden, die gerade Saison haben. So sollten Sie also z. B. im Winter besser auf Erdbeeren verzichten.

## Sesamäpfel

*Zutaten:*
2 gehäufte EL Sesamsamen
1 EL Honig
2 Äpfel
1 EL Zitronensaft

*Zubereitung:*
Sesam in einer trockenen Pfanne unter ständigem Umrühren leicht rösten (bis die Sesamkörner anfangen zu springen). Honig hinzufügen, verrühren und vom Herd nehmen. Äpfel halbieren, Kerngehäuse

entfernen und auf einer groben Reibe raspeln; mit Sesamhonig und Zitronensaft gut mischen.

*Tipp:*
Wenn Sie die Sesamäpfel mit Zimt abschmecken, eignen sie sich gut als Gericht für die Vorweihnachtszeit.

## Dessert aus Edelkastanien

*Zutaten:*
240 g geschälte Edelkastanien
50 g Honig, evtl. Rum
1 TL Zitronensaft
1/4 l Sahne
Sauerkirschen zum Garnieren

*Zubereitung:*
Kastanien kochen, schälen und passieren. Mit Honig und je nach Geschmack eventuell etwas Rum zu einem Püree verarbeiten. Sahne schlagen, Kastanienpüree darauf anrichten und mit Sauerkirschen garnieren.

## Einfache Apfelcreme

*Zutaten:*
500 g Äpfel
1/8 l Sahne, ein paar Tropfen Zitronensaft

*Zubereitung:*
Äpfel schälen, vom Kerngehäuse befreien und kleinwürfelig schneiden. In einer Kasserolle kurz mit

Zitronensaft dämpfen, dann im Mixer pürieren, erkalten lassen. Sahne mit einem Schneebesen vorsichtig unterheben. Creme in Gläser füllen, kalt stellen und servieren.

## Grapefruit mit Schweizer Himbeercocktail

*Zutaten:*
2 rosa Grapefruits
400 g Hüttenkäse
40–50 schöne Himbeeren
Birnen- oder Apfelsüße (aus dem Reformhaus)

*Zubereitung:*
Grapefruits waschen und halbieren. Fruchtfleisch aus den Hälften lösen und klein schneiden, Kerne entfernen. Fruchtfleisch mit Hüttenkäse und Birnen- oder Apfelsüße mischen. Himbeeren vorsichtig untermengen und Grapefruithälften mit der Fruchtcreme füllen. Gut gekühlt servieren.

*Tipp:*
Das Rezept ergibt 1/2 gefüllte Grapefruit pro Person und ist ausreichend für ein kleines Abendessen.

## Fruchtiger Hirseauflauf

*Zutaten:*
1/2 l Magermilch
175 g Hirse
4 EL Honig
2 Msp. Delifrut (Reformhaus)

250 g gemischte Beeren (siehe unten)
1/4 l Sahne
2 Eier
3 Msp. Vanille (aus dem Mark einer Vanilleschote)

*Zubereitung:*
Hirse mit Magermilch und Delifrut vermengen und in einer großen Pfanne etwa 5 Minuten kochen lassen. Herd abdrehen, Honig einrühren und die Mischung 10 Minuten zugedeckt auf der Resthitze der Herdplatte stehen lassen. Beeren waschen, gut abtropfen lassen, verlesen und auf der Hirse verteilen. In einem Mixer Sahne, Eier und Vanille verrühren, über die Beeren gießen, alles vorsichtig durchrühren und bei mittlerer Hitze noch etwa 5 Minuten stocken lassen.

*Tipp:*
Dieses Rezept ist sehr kalorienhaltig. Dank der Hirse enthält es jedoch die Vitamine $B_1$, $B_2$ und $B_6$ sowie wertvolle Mineralstoffe wie Magnesium, Eisen, Kupfer und Zink. Der Gehalt an anderen Vitalstoffen hängt von den Beeren ab. Schwarze Johannisbeeren sind reich an den Vitaminen C und E; Erdbeeren enthalten Vitamin C und Folsäure; Himbeeren regen den Stoffwechsel an, und Heidelbeeren steuern neben Vitamin C noch zusätzliches Eisen und Kupfer bei. Stimmen Sie die Beeren nach Ihrem persönlichen Geschmack und Vitalstoffbedürfnis ab.
Der Hirseauflauf lässt sich relativ rasch zubereiten, da er nur in der Pfanne gemacht wird und keine Zeit zum Überbacken braucht. Er ist als volle Hauptmahlzeit sättigend genug und nicht als Nachspeise gedacht.

# Cocktails, Shakes und Drinks

## Frucht-Cocktail

*Zutaten:*
250–300 ml möglichst frisch gepresster Orangensaft
1 Banane, 1/2 Apfel (Elstar), Kokosflocken

*Zubereitung:*
Banane schälen und in Stücke zerteilen. Apfel waschen, Kerngehäuse entfernen und zerkleinern. Obst zusammen mit dem Orangensaft im Mixer pürieren. Rand der Gläser anfeuchten, kurz in Kokosflocken tunken. Getränk in die Gläser füllen, in die Mitte Kokosflocken streuen.

*Tipp:*
Sie können die Frucht-Cocktails zusätzlich mit Orangen- und Kokosscheiben garnieren. Servieren Sie das Getränk mit dicken Strohhalmen, damit die Kokosflocken durchgehen.

## Bananenmilchshake

*Zutaten:*
2 Bananen
800 ml teilentrahmte Milch
8 gestrichene EL gemahlene Mandeln
40 g Haferflocken
8 gestrichene TL brauner Rohrzucker, Vanillepulver

*Zubereitung:*
Bananen schälen und in grobe Stücke zerteilen. Alle Zutaten im Mixer zu einer gleichmäßigen Masse mixen. Gekühlt servieren.

*Tipp:*
Wenn Sie Ihren Darm verwöhnen wollen, können Sie die Hälfte der Milch durch Joghurt ersetzen. Diese Kombination ist Balsam für Ihre Darmflora.

## Apfel-Sanddorn-Mix

*Zutaten:*
800 g frisch gepresster Apfelsaft
200 g Sanddornsaft

*Zubereitung:*
Säfte gut verrühren und gekühlt servieren.

*Tipp:*
Sanddorn ist besonders reich an Vitamin C. Ein reichhaltiger Cocktail aus Vitalstoffen ergibt sich auch, wenn Sie Sanddornsaft mit Milch mixen.

## Pikanter Orangen-Mix

*Zutaten:*
Saft von 4 Orangen (frisch gepresst)
200 g Tomaten
je 200 g Möhren, Gurke
200 g Sellerie
40 g frischer Estragon

*Zubereitung:*
Gemüse und Estragon gut waschen, abtropfen lassen, putzen und zerkleinern. In einem elektrischen Entsafter entsaften und mit Orangensaft vermengen. Gut gekühlt servieren.

*Tipp:*
Wenn Sie das Getränk weniger intensiv wollen, servieren Sie es mit Eiswürfeln, oder verdünnen Sie es mit Mineralwasser. Denken Sie an Ihren Säuren-Basen-Haushalt und wählen Sie eine möglichst kohlensäurearme Sorte.

## Muntermacher-Drink mit Vitamin C

*Zutaten:*
4 Zitronen
je 400 g Orangen, Grapefruits
4 gehäufte TL Melasse

*Zubereitung:*
Zitronen, Orangen und Grapefruits großzügig schälen und dabei auch die weiße Haut entfernen. Fruchtfleisch entkernen, grob würfeln und in einem Mixer mit Melasse mixen. Fertigen Muntermacher-Drink gekühlt servieren.

*Tipp:*
Achten Sie darauf, die weiße Obsthaut auch zwischen den einzelnen Fruchtfleisch-Spalten möglichst gründlich zu entfernen. Neben Vitamin C ist der Fruchtmix – dank dem Orangenanteil – auch reich an Selen, Folsäure und Vitamin $B_1$.

## Buttermilch mit Kräutern

*Zutaten:*
800 g Buttermilch
je 80 g Dill, Estragon

80 g Schnittlauch
80 g Petersilie
40 g Zitronenmelisse
Worcestersauce
Knoblauch, Salz, Pfeffer

*Zubereitung:*
Die frischen Kräuter waschen, putzen, abtropfen lassen und mit der Buttermilch im Mixer gut mixen. Mit Worcestersauce und Gewürzen abschmecken und gekühlt servieren.

*Tipp:*
Buttermilch mit Kräutern eignet sich gut als Zwischenmahlzeit oder mit 2 Scheiben Vollkornbrot pro Person als leichtes Abendessen. Dazu passt auch magerer (Puten-) Schinken. Als Getränk empfiehlt sich die Buttermilch unter anderem nach Saunagängen. Spritzen Sie sie in diesem Fall im Verhältnis 1:1 mit kohlensäurearmem Mineralwasser.

## Honigmelonen-Shake

*Zutaten:*
800 g Honigmelone (nur Fruchtfleisch)
800 ml Buttermilch, Mandelsplitter

*Zubereitung:*
Melone halbieren, Kerne entfernen, Fruchtfleisch aus der Schale lösen, würfeln und mit der Buttermilch in einem Mixer gut verrühren. Mandelsplitter in einer beschichteten Pfanne ohne Fett leicht anbräunen und den fertigen Honigmelonen-Shake damit bestreuen.

*Tipp:*
Melone wirkt harntreibend und ist daher gut zum Entwässern.
Eine erfrischende Zwischenmahlzeit erhalten Sie auch, wenn Sie eine etwas klein geschnittene Honigmelone mit Magerjoghurt oder Bifidus vermengen. Je nach Belieben können Sie den Joghurt ebenfalls mit gerösteten Mandelsplittern oder mit 1 TL Honig servieren.

## Orangen-Milch-Mixgetränk

*Zutaten:*
800 ml Buttermilch
Saft von 4 Saftorangen
Orangenscheiben zum Garnieren

*Zubereitung:*
Saftorangen frisch auspressen und den Saft mit der Buttermilch gut verrühren (Mixer). Getränk mit Orangenscheiben garnieren und gut gekühlt servieren.

Und zum Abschluss noch zwei besonders kräftigende Cocktails für Geist und Seele. Der Power-Shake und der Powerdiät-Turbo-Drink mobilisieren Ihre Kraftreserven und spenden wahre Wunder an Energie.

## Power-Shake

*Zutaten:*
1 l Milch
4 Eigelb

2 TL Honig
2 Bananen
2 TL Pflanzenöl
2 TL Weizenkeime
4 TL Sojapulver
4 TL Kolanuss

*Zubereitung:*
Alle Zutaten in einen Mixer geben und etwa 10 Sekunden durchmixen. Ohne Eis trinken.

*Tipp:*
Der Power-Shake bringt müde Gehirnzellen wieder auf Trab. Sie sparen jeden Energiedrink aus der Dose.

## Powerdiät-Turbo-Drink

*Zutaten:*
400 g Tomaten
400 g Sauerkraut
4 Knoblauchzehen
200 g Zwiebeln
40 g Magerjoghurt
Pfeffer

*Zubereitung:*
Gemüse waschen, putzen, würfeln und in einem elektrischen Entsafter auspressen. Turbo-Drink pfeffern und mit Magerjoghurt abschmecken.

# VERZEICHNIS DER KOCHREZEPTE VON A–Z